© Autonomia Literária, para a presente edição.
© 2019 by Jamie Woodcock.

Publicado originalmente pela Haymarket Books, sob o título *Marx at the Arcade*.

Coordenação Editorial: Cauê Ameni, Hugo Albuquerque e Manuela Beloni
Tradução: Guilherme Cianfarani
Revisão: Lígia Magalhães Marinho
Diagramação: Manuela Beloni
Capa: Rodrigo Corrêa/@sobinfluencia

Conselho editorial
Carlos Sávio Gomes (UFF-RJ), Edemilson Paraná (UFC/UNB), Esther Dweck (UFRJ), Jean Tible (USP), Leda Paulani (USP), Luiz Gonzaga de Mello Belluzzo (Unicamp-Facamp), Michel Lowy (CNRS, França) e Pedro Rossi (Unicamp).

Dados Internacionais de Catalogação na Publicação (CIP)
(eDOC BRASIL, Belo Horizonte/MG)

W874m   Woodcock, Jamie.
    Marx no fliperama: videogames e luta de classes / Jamie Woodcock; tradução Guilherme Cianfarani. – São Paulo, SP: Autonomia Literária, 2020.
    300 p. : 14 x 21 cm

    Título original: Marx at the arcade consoles
    ISBN 978-65-87233-21-5

    1. Video games – Indústria. 2. Jogos eletrônicos – Indústria. 3.Sociologia. I. Cianfarani, Guilherme. II. Título.
                                                    CDD 338.4

Elaborado por Maurício Amormino Júnior – CRB6/2422

Autonomia Literária
Rua Conselheiro Ramalho, 945
CEP: 01325-001São Paulo - SP
autonomialiteraria.com.br

VIDEOGAMES E LUTA DE CLASSES

JAMIE WOODCOCK

TRADUZIDO POR
GUILHERME CIANFARANI

Sumário

PREFÁCIO À EDIÇÃO BRASILEIRA
Games como laboratório da
luta de classes 7

AGRADECIMENTOS 18

INTRODUÇÃO 21

PARTE 1 - DESENVOLVENDO JOGOS ELETRÔNICOS
Uma história do jogar
e dos jogos eletrônicos 35

A indústria dos
jogos eletrônicos 71

O trabalho com os
jogos eletrônicos 109

Organização na indústria
de jogos eletrônicos 155

PARTE 2 JOGANDO JOGOS ELETRÔNICOS

Análise cultural 175

Tiros em primeira pessoa.. 185

RPG, simuladores
e estratégia 204

Jogos políticos...................... 217

Jogos online......................... 238

CONCLUSÃO

Por que os jogos
eletrônicos importam? 251

PREFÁCIO À EDIÇÃO BRASILEIRA

por Rafael Grohmann[1]

[1] Professor do Mestrado e Doutorado em Comunicação da Universidade do Vale do Rio dos Sinos (Unisinos) e editor da *newsletter* DigiLabour. Doutor em Ciências da Comunicação pela Universidade de São Paulo (USP).

Games como laboratório da luta de classes

Por que um jogador deveria se interessar por marxismo? E por que os marxistas deveriam se interessar por *games*? Jamie Woodcock, neste *Marx no Fliperama*, busca aproximar esses dois universos, de modo a resolver alguns mal-entendidos. Por um lado, parte da esquerda anticapitalista considera os *games* como algo menor – como se eles não tivessem nada a ver com luta de classes e exploração do trabalho. Por outro, as imagens hegemônicas do mundo dos *games* – de raça, gênero, sexualidade e ideologias – fazem parecer alucinação alguém, ou um livro, declarar-se abertamente, ao mesmo tempo, *gamer* e marxista.

Os *games* são parte importante dos processos de produção, circulação e consumo inscritos no modo de produção capitalista, mas também podem nos servir para imaginar outros tipos de sociedade para além de um realismo capitalista (Fisher, 2011). Woodcock cita algumas vezes Raymond Williams (2017) e Stuart Hall (2003) para inscrever os jogos no circuito da cultura, enquanto formas culturais, incluindo questões de trabalho e representações.

A noção de circuito da cultura em Hall (2003) é homóloga ao circuito do capital esboçado por Marx (2011) nos *Grundrisse* para tratar das dialéticas relações entre produção e consumo como momentos diferentes de um mesmo processo. É aí que está a célebre frase: "a fome é fome, mas a fome que se sacia com carne cozida, comida com garfo e faca, é uma fome diversa da fome que devora carne crua com mão, unha e dente" (Marx,

2011, p. 47). Consumo e produção se afetam mutuamente, e Jamie Woodcock mostra-se atento a isso ao analisar tanto o trabalho na indústria de *games* quanto os próprios jogos.

Há articulações complexas nos circuitos do capital e da cultura, produzindo e circulando sentidos sobre tudo o que acontece na vida. Mas isso não se dá no vazio. É nesse circuito de sentidos que os significados podem ser estabelecidos e contestados, sedimentados e ressignificados, com tentativas de controle e possibilidades de resistências aos modos de significar o mundo. Os jogos, pois, estão envolvidos na teia de sentidos – com formas de representar o mundo e de se representar tanto na produção quanto em seu consumo.

São esses os dois eixos de análise de *Marx no Fliperama*, entre o produzir e o jogar videogames. Por um lado, é necessário expandir a própria noção do que significa um jogo político. Afinal, todos os *games* são políticos. Eles não estão apartados da realidade e apresentam a marca de criadores e empresas. Produzem determinados sentidos em relação a outros, fazendo circular, por exemplo, ideologias racistas, misóginas e homofóbicas em suas produções. Muitas vezes naturalizam o capitalismo e sua racionalidade como modo de vida. Porém isso não deve significar a censura desses jogos, mas a sua devida crítica política e midiática, podendo, inclusive, resultar em revoltas. E assim como não podemos resumir o cinema a Hollywood, não se pode cristalizar os significados do que é um *game* a partir de seu lado *mainstream*. É preciso lutar por outras narrativas nos jogos.

Em 1996, a professora Maria Aparecida Baccega, da USP, que deixou um legado marxista para a área de comunicação, foi uma das primeiras pesquisadoras a aparecer nas "Páginas Amarelas", da revista *Veja*, e chocou intelectuais ao dizer: "novela é cultura" – e que aliena menos que os telejornais. Para ela, a telenovela educa mesmo quando traz a reprodução de estereótipos e preconceitos por possibilitar a produção de crítica e, a partir disso, lutar por outras produções de significados.

A mesma coisa ocorre com os *games*. Vistos como algo menor e em si mesmo alienantes, são desprezados por parte da esquerda por serem "apenas" uma brincadeira. Esse comportamento ignora que muitas pessoas – jovens, mas não exclusivamente – negociam sentidos culturais e políticos a partir de suas relações com jogos e que a vida sob o capitalismo precisa de momentos de lazer, divertimento e prazer. Afinal, é preciso uma vida que seja cheia de sentidos dentro e fora do trabalho (Marx; Engels, 2007; Antunes, 2001).

Assim, devemos nos contrapor à gamificação incrustada na gestão das empresas – como dispositivo da racionalidade neoliberal (Dardot; Laval, 2016) ligado à produtividade e ao controle dos trabalhadores – com uma gamificação "vinda de baixo", que, de fato, apoie as lutas dos trabalhadores e a recusa em relação ao trabalho. A gamificação não é algo neutro, e geralmente é usada para deixar a aparência de um trabalho mais divertido, um *playbour* (Küklich, 2005) invisibilizando a intensificação do ritmo de trabalho e a concorrência entre os trabalhadores.

Além disso, os *games* são uma indústria rentável no capitalismo, sendo produzidos por milhares de trabalhadores em determinadas condições de trabalho. Woodcock estuda a indústria de jogos a partir de uma atualização da enquete operária marxiana[2] como um método para investigação com trabalhadores que não se resuma somente à análise de suas condições de trabalho, mas algo que "requer apoio às lutas reais dos tra-

---

[2] Woodcock explica este método com mais detalhes em um texto com Sai Englert e Callum Cant sobre o operaísmo digital (Englert; Woodcock; Cant, 2020).

balhadores, experimentando novas formas de co-pesquisa que deem primazia ao ponto de vista e à ação dos trabalhadores" (Englert; Woodcock; Cant, 2020, p. 56). Isso significa uma pesquisa engajada tanto em sua contribuição acadêmica quanto na organização dos trabalhadores, que deve ser vista como uma construção "de baixo" e não forçada "de cima" – seja por órgãos reguladores, sindicatos, partidos ou acadêmicos – sem, de fato, dialogar com os trabalhadores sobre as suas reais demandas.

A atualização da enquete operária, com inspiração no operaísmo italiano e construída de forma coletiva pela revista socialista *Notes From Below*, parte da noção de composição de classes, que envolve dimensões técnicas, sociais e políticas. Isso significa considerar desde as condições e a organização do trabalho (inclusive métodos de controle e gerenciamento), passando por marcadores sociais (de gênero, raça e sexualidade, por exemplo) dos trabalhadores e como é a vida para além do tempo de trabalho – que se afetam mutuamente no que chamamos de "mundo do trabalho". A composição de classes também abarca como a organização dos trabalhadores transforma-se em uma força política na luta de classes.

E, pasmem, quem trabalha na indústria de *games* é um... Trabalhador. As condições de trabalho na área dependem de fatores como o tipo de empresa (se produz *game* AAA, é independente ou cooperativa, por exemplo), mas, em linhas gerais, há longas e intensas jornadas de trabalho, com o borrar de fronteiras entre lazer e trabalho. Há, ainda, uma cooptação das subjetividades dos trabalhadores pela ideologia do "faça o que você ama" (Illouz, 2011) e a naturalização do estresse e das noites mal dormidas nos momentos antes da entrega de um projeto (*crunch time*). Isso acontece também por meio de uma glamourização e/ou idealização do trabalho em *games*, como acontece também em outras áreas, como o jornalismo, por exemplo (Figaro; Nonato; Grohmann, 2013).

Além disso, a divisão de trabalho na indústria de *games* estrutura desigualdades e invisibilidades no setor, algo também retratado por Ergin Bulut (2020) em *A Precarious Game: the illusion of dream jobs in the video game industry*. Isso significa considerar desde o trabalho não pago de *modders* e testadores até a predominância branca e masculina no segmento AAA. As condições sociais de muitos desses trabalhadores, como não ter responsabilidades com filhos ou trabalho doméstico, ajudam a explicar a própria composição da força de trabalho no setor. As condições precárias de trabalho também envolvem a área de *eSports*. No Brasil, o Ministério Público do Trabalho abriu inquérito para investigar as condições de trabalho e os impactos na saúde de trabalhadores em clubes de *eSports*.

Além dos aspectos mencionados acima, para compreender o trabalho na área de *games*, é preciso considerar todo o circuito de trabalho (Qiu; Gregg; Crawford, 2014) nas cadeias produtivas de valor. Isso significa analisar as materialidades envolvidas na produção de um videogame com todas as suas peças a partir das atividades de trabalhadores de várias áreas. Qual caminho um console faz até chegar ao consumidor, desde a extração de minérios até a produção de videogames na China, passando por sua distribuição? E a produção e a circulação dos jogos, desde a concepção e o desenvolvimento até chegar ao Steam ou Switch, por exemplo? Isso levando em conta tanto as condições de trabalho quanto as próprias infraestruturas materiais, pois, como lembra Huws (2014, p. 157), não há cultura digital "sem geração de energia, cabos, satélites, computadores, telefones celulares e milhares de outros produtos materiais, sem a extração de matéria-prima que forma essas mercadorias".

Em meio a esse cenário, os trabalhadores da área de *games* estão se reconhecendo como trabalhadores e se organizando coletivamente, como o Game Workers Unite (GWU), movimento internacional de base com objetivo de sindicalizar a indústria de *games*, convocando os trabalhadores a se organizarem, de baixo para cima, a partir de células locais. O GWU já está presente em doze países, inclusive Argentina e Brasil. As lutas são para reduzir a exploração do trabalho, para que os trabalhadores sejam ouvidos, em organização distribuída e contra linguagens e comportamentos opressores. Outro caso citado por Jamie Woodcock é o Independent Workers' Union of Great Britain (IWGB), que reúne, entre outros, entregadores, motoristas e também trabalhadores de *games*.

Esses movimentos prefigurativos evidenciam que nenhum trabalhador é "inorganizável". Se há novos métodos de controle e organização do trabalho, é preciso que haja novas maneiras de organização e resistência dos trabalhadores. E esse é o laboratório da luta de classes (Cant, 2019) também encarnado na área de *games*. O fato de os trabalhadores ainda não estarem organizados não significa que não haja resistência ou potencialidade de organização coletiva. E isso não nasceu ontem. Há uma mistura de elementos e pessoas com histórico no sindicalismo e outras que estão experienciando sua primeira vez em uma organização coletiva.

As experiências acima somam-se a novas formas de associação e organização de trabalhadores das plataformas digitais que têm ocorrido nos mais diversos setores e países. Nesses movimentos, a comunicação também é a base para a organização e ocorre também por plataformas digitais, desde WhatsApp e Facebook até Discord, justamente destinada a *gamers*. É por meio desses espaços que os trabalhadores produzem conteúdo, discutem ideias e organizam ações.

Há questões materiais e concretas que conectam os trabalhadores dos mais variados países em um momento de derrocada do que Nancy Fraser (2020) chama de "neoliberalismo progressista" – e que perdeu sua capacidade de convencimento. A pandemia do coronavírus explicitou ainda mais as condições precárias e a exploração do trabalho, assim como a deterioração das subjetividades dos trabalhadores. E isso abre possibilidades para ampliar a circulação das lutas dos trabalhadores: "podemos começar a ver o germe de uma alternativa que surge da recusa dos trabalhadores das plataformas" (Englert; Woodcock; Cant, 2020, p. 56).

A circulação das lutas dos trabalhadores de *games* também envolve lutas por outras circulações de sentidos, por outras narrativas. Não existe luta anticapitalista que não passe pelo circuito da cultura. Um exemplo é o jogo *Tonight We Riot*, produzido pela Pixel Pushers Union 512 e distribuído pela Means Interactive, ambas cooperativas de trabalhadores. Explicitamente socialista, o jogador não comanda uma pessoa só, mas um movimento de trabalhadores contra o capitalismo a partir de ação direta: "enquanto um de nós sobreviver, a Revolução continuará".

Outro exemplo é o Workers Game Jam, encontro de desenvolvedores para criação de jogos que tenham como foco a organização coletiva dos trabalhadores, desde negociação de salários até organização de piquetes, protestos e greves. Organizado pelo Game Workers Unite e *Notes From Below*, o encontro teve a sua segunda edição em 2020, inclusive com a participação de brasileiros.

Marx no Fliperama é uma potente contribuição para lutar por outras circulações – de sentidos e dos trabalhadores, de forma a acentuar o caráter experimental, laboratorial e radical dos *games* (Dyer-Witheford; de Peuter, 2009), imaginando e explorando alternativas ao realismo capitalista. O caso do *Tonight We Riot* também é parte de um movimento prefigurativo por outras formas de trabalho na área de *games*, que, de fato, auxiliem na circulação das lutas dos trabalhadores. Jamie Woodcock nos faz pensar por quais jogos e indústria/trabalho em *games* devemos lutar. Que façamos experimentos narrativos e organizativos (sempre políticos) com relação à luta anticapitalista. Boa diversão!

Referências

ANTUNES, Ricardo. *Os Sentidos do Trabalho.* São Paulo: Boitempo, 2001.

BACCEGA, Maria Aparecida. Novela é cultura. *Revista Veja.* Ano 29, n. 4, 24 de janeiro de 1996, p. 7-10.

BULUT, Ergin. *A Precarious Game: the illusion of dream jobs in the video game industry.* Nova York: ILR Press, 2020.

CANT, Cant. *Riding for Deliveroo: resistance in the new economy.* Londres: Polity, 2019.

DARDOT, Pierre; LAVAL, Christian. *A Nova Razão do Mundo.* São Paulo: Boitempo, 2016.

DYER-WITHEFORD, Nick; DE PEUTER, Greig. *Games of Empire: global capitalism and video games.* Minnesota: University of Minnesota Press, 2009.

ENGLERT, Sai; WOODCOCK, Jamie; CANT, Callum. Operaísmo Digital: tecnologia, plataformas e circulação das lutas dos trabalhadores. *Revista Fronteiras – Estudos Midiáticos.* v. 22, n. 1, 2020, p. 47-58.

FIGARO, Roseli; NONATO, Claudia; GROHMANN, Rafael. *As Mudanças no Mundo do Trabalho do Jornalista.* São Paulo: Atlas, 2013.

FISHER, Mark. *Capitalist Realism*. Winchester: Zero Books, 2011.

FRASER, Nancy. *O Velho Está Morrendo e o Novo Não Pode Nascer*. São Paulo: Autonomia Literária, 2020.

HALL, Stuart. *Da Diáspora: identidades e mediações culturais*. São Paulo: Ed. UFMG, 2003.

HUWS, Ursula. *Laborin the Global Digital Economy*. Nova York: Monthly Review Press, 2014.

ILLOUZ, Eva. *O Amor nos Tempos do Capitalismo*. Rio de Janeiro: Zahar, 2011.

MARX, Karl. *Grundrisse*. São Paulo: Boitempo, 2011.

MARX, Karl; ENGELS, Friedrich. *A Ideologia Alemã*. São Paulo: Boitempo, 2011.

QIU, Jack; GREGG, Melissa; CRAWFORD, Kate. Circuits of Labour: a labour theory of the iPhone Era. *Triple C*. v. 12, n. 2, p. 1-15.

WILLIAMS, Raymond. *Televisão: tecnologia e forma cultural*. São Paulo: Boitempo, 2017.

Nota do autor

As ideias para este livro começaram como um artigo no *Journal of Gaming and Virtual Worlds*.[3] Ele foi reescrito, expandido e desenvolvido até a forma aqui presente.

---

[3] Jamie Woodcock, "The Work of Play: Marx and the Video Games Industry in the United Kingdom", *Journal of Gaming and Virtual Worlds* 8, n. 2 (2016), 131-43.

AGRADECIMENTOS

Eu gostaria de começar agradecendo ao John McDonald, da Haymarket, por me incentivar a colocar minhas ideias sobre marxismo e jogos eletrônicos em um livro. Aquela conversa na conferência New York Historical Materialism foi o início de uma grande colaboração. Gostaria de agradecer também a Nisha Bolsey e a toda à equipe da Haymarket pelo seu apoio, como também a Brian Baughan pela revisão do texto do livro.

Este livro não poderia ter sido escrito sem o apoio de Lydia Hughes – não somente pelo seu incentivo durante todo o processo, me convencendo de que o livro merecia ser feito e finalizado, mas também por sua ajuda nos "momentos críticos" ao longo do processo.

Eu gostaria de agradecer os meus pais, pelo seu apoio e também por me deixarem jogar videogame – quem poderia imaginar que aquelas experiências fossem virar um livro depois? Meu pai me introduziu e me incentivou a jogar meus primeiros jogos de videogame. Muitos deles vieram por intermédio do seu amigo Jim, então, obrigado por todos aqueles cartuchos.

O livro tem uma enorme dívida com minha camarada Solvi Goard, que não somente jogou videogame comigo, mas também conversou – à exaustão – sobre várias ideias que eu desenvolvi por aqui.

Trabalhar com Mike Cook e Mark Johnson se mostrou uma experiência de importância incalculável para o entendimento de como os jogos eletrônicos são realmente feitos, agradeço aos dois por suas (sempre muito pacientes) explicações. Agradeço também ao Mike por me deixar testar algumas das ideias (bem, ao menos o *slide* do rosto do Marx em um robô) na bastante inspiradora conferência ProcJam.

Uma versão inicial do argumento deste livro foi publicada numa edição especial do *Journal of Gaming and Virtual Worlds*, e eu gostaria de agradecer a Lars e Graeme pelas suas considerações.

Eu também fui bastante inspirado pelo *Games of Empire* [Jogos do império], de Nick Dyer-Witheford e Greig de Peuter, um livro que consultei regularmente enquanto escrevia. Foram também excelentes as conversas que tive com ambos (Nick e Greig) durante as viagens ao Canadá, assim como Daniel Joseph, cujo trabalho também foi muito útil. O lado político deste livro foi profundamente ajustado pelos meus parceiros editores Lydia Hughes, Seth Wheeler, Callum Cant, Achille Marotta e Wendy Liu no *Notes from Below*. A contribuição específica em tecnologia feita por Wendy e Marijam me ajudaram a refletir sobre diversas questões do livro. Sai Englert me forneceu valiosos jogos de palavras (peço desculpas por nenhum deles ter sido usado no título do livro!). Por fim, gostaria de agradecer à Game Workers United (GWU) e, particularmente, à sucursal do Reino Unido. Participar de seus encontros e conversas sobre como deve ser uma organização nos dias de hoje tem sido imensamente inspirador (e também é um tanto difícil escrever sobre isso – de um modo bom – uma vez que as coisas estão mudando tão rápido). Gostaria de agradecer também a Dec, Beck, Karn e Austin (entre vários outros), vocês todos me mostraram claramente que não existem trabalhadores que não se possa organizar. Este livro é dedicado a todos vocês.

INTRODUÇÃO

A cultura popular é um dos locais onde a luta a favor e contra a cultura dos poderosos é realizada: é também a aposta a ser vencida ou perdida nesta luta. É o cenário de consentimento e resistência. É onde a hegemonia nasce parcialmente e onde ela é protegida. Não é onde o socialismo e a cultura socialista – já completamente formada – podem simplesmente ser "expressos". Mas é um dos locais onde o socialismo pode ser constituído. É por isso que a "cultura popular" importa. Caso contrário, para dizer a verdade, eu não daria a mínima pra isso.[4]

Uma das minhas primeiras memórias com jogos eletrônicos é estar sentado em frente ao computador, tentando descobrir como mexer no sistema MS-DOS. Um amigo do meu pai entregava a ele alguns jogos, gravados em disquetes, para me dar. Algumas vezes eles vinham em embalagens comuns de papel, outras em caixas maiores de papelão, cheios de manuais e outros papéis. Eu anotava as instruções dos diferentes jogos em notas de *post-it*, que ficavam espalhadas pela tela do computador. Eu me recordo que achava ser necessário certo conhecimento para jogar aqueles jogos, que você tinha que aprender a jogá-los. Esses jogos antigos, pixelados e coloridos, eram para mim um caminho para um outro mundo. Eu guiava os *Lemmings*, usan-

---

[4] Stuart Hall, "Notes on Deconstructing the Popular", em *People's History and Socialist Theory*, Raphael Sauel (editor). Londres: Routledge e Kegan Paul, 1981, 239.

do diferentes comandos para tentar impedir que qualquer um deles caísse no precipício. Eu me aventurava fora da nave espacial destruída do *Commander Keen*, investigando com entusiasmo aquele universo. Eu também, por razões que nunca compreendi, explorava o mundo de fantasia de um ovo antropomorfizado com um chapéu, o *Dizzy*. Havia também os jogos de plataforma, como *Duke Nukem*, em que eu abria meu caminho por níveis. Todos esses jogos foram desenvolvidos por alguém que programava computadores como meio de vida.

Me ensinaram a jogar *Tetris* em um Gameboy da Nintendo quando eu estava sentado nas escadas da casa de um amigo da família. Um outro amigo me ensinou a jogar jogos de videogame, me apresentando *Sonic*, *Mario* e outros. Eu me recordo de estar sentado ao chão, debruçado sobre manuais enquanto *Civilization* era instalado, imaginando se a instalação tinha falhado ou se a barra de carregamento poderia mesmo demorar tanto tempo assim. Eu senti, na época, que *Civilization* não era apenas um jogo, mas que tinha um valor educacional – outro motivo para jogar "só mais um turno".

Meu manual do *Street Fighter Alpha 2* tinha todas as páginas arrancadas, então eu tive que tentar aprender os movimentos com meus amigos enquanto nós jogávamos um contra o outro na frente da TV. Eu construí metrópoles gigantescas em *SimCity*, maravilhado por poder sobrevoá-las depois com um helicóptero em *SimCopter*. *Baldur's Gate* foi o mais perto que eu cheguei de *Dungeons & Dragons*: eu me encontrava com amigos para comparar anotações e como as personagens e a história estavam se desenvolvendo. Indo além desses jogos, eu explorei cenários pós-apocalípticos em *Fallout* e joguei do lado do mal em *Dungeon Keeper*.

O primeiro videogame que eu tive foi um PlayStation. Eu ainda me lembro claramente do efeito sonoro e do ponto de exclamação piscando na tela após um jogador ser descoberto no jogo furtivo *Metal Gear Solid*, junto com um "*Snake? Snaaaaake!*" quando o jogador morria e do impacto da luta com um chefão que quebrava a quarta parede, fazendo parecer que o canal de TV havia mudado acidentalmente. Na época em que a internet de banda larga se tornou amplamente disponível, eu montei meu próprio PC. A necessidade de um conhecimento prévio para poder jogar aparecia novamente, provocada pelo receio de que a eletricidade estática danificasse os componentes, seguido das discussões constantes com meus amigos sobre a melhor maneira de aplicar pasta térmica em uma CPU. O primeiro jogo *online* que eu joguei foi o *Counter-Strike* versão 1.4, e eu venho jogando essa série desde aquela época até hoje. Eu também joguei *World of Warcraft* naquele PC customizado.

Muitos desses jogos da minha infância envelheceram mal, enquanto outros se transformaram em séries envolventes. Eu não tenho dúvida de que me esqueci de vários jogos que já joguei, mas eu consigo associar os mais antigos a fases da minha vida, o que me traz memórias muito mais vastas. Os jogos eletrônicos estiveram comigo durante toda a minha vida, e o ritmo contínuo de desenvolvimento deles é impressionante. Ao longo do tempo, estes jogos também se tornaram um expoente da cultura de massas. Em 2017, cerca de 70% dos estadunidenses jogaram jogos eletrônicos, enquanto a indústria global de *games* gerou 108,4 bilhões de dólares[5] em receita. Os jogos

---

[5] Brian Crecente, "Nearly 70% of Americans Play Video Games, Mostly on Smartphones (Study)", *Variety*, 11 set. 2018. Disponível em: https://variety.com/2018/gaming/news/how-many-people-play-games-in-the-u-s-1202936332; SuperData, 2017 Year in Review: Digital Games and

eletrônicos não são mais um nicho específico que requer um certo conhecimento para ser acessado – eles estão em todos os lugares hoje em dia.

Agora que sou mais velho, eu preciso separar um tempo para os jogos – seja relaxando depois do trabalho, seja procurando um pouco mais de tempo para mergulhar em um novo título. Eu tenho uma coleção no Steam com muito mais jogos não jogados do que eu gostaria de admitir, mas eu ainda acho algum tempo para jogar e falar a respeito. De certa forma, o processo de pesquisa para escrever *Marx no Fliperama* foi também uma desculpa para poder jogar um pouco mais, o que me deu a oportunidade de combinar os jogos eletrônicos com outro dos meus interesses: o marxismo.

Quando eu penso naqueles tempos iniciais, quem poderia imaginar que, vinte anos depois, Karl Marx teria alguma relevância para o mundo dos jogos eletrônicos? É uma associação rara, que pode ser um pouco estranha de imaginar. Mas, novamente, o Velho Mouro fez recentemente sua estreia nos jogos digitais em *Assassin's Creed Syndicate*. *Syndicate*, parte da série *Assassin's Creed*, da Ubisoft, foi lançado em 2015, e é ambientado na Londres de 1868. O enredo conta com viagens no tempo complexas, lutas entre assassinos e cavaleiros templários, tecnologias bizarras e tudo mais que os jogadores aprenderam a amar e a esperar da série. O personagem principal, Desmond Miles, está preso dentro de uma sinistra corporação e é usado para reviver a memória genética de seus antepassados. Isso fornece o pano de fundo para o jogador visitar momentos-chaves da história, incluindo a Terceira Cruzada, a Revolução Francesa, a época de ouro da pirataria, entre outros.

Interactive Media (SuperData Research Holdings, 2018).

Apesar do enredo complicado, o jogo também fornece o pano de fundo deste livro. Ele destaca algumas das principais dinâmicas dos jogos eletrônicos contemporâneos e chama a atenção para temas que serão explorados ao longo deste trabalho, além de criar um Marx como personagem real de um jogo, o que serve também como introdução ao pensamento desse filósofo. Logo ao iniciar *Assassin's Creed Syndicate*, um comunicado aparece na tela: "Inspirado em eventos e personagens históricos, este trabalho de ficção foi concebido, desenvolvido e produzido por uma equipe multicultural, de várias crenças, orientações sexuais e identidades de gênero". Como esperado, nada mais é dito sobre como os funcionários da Ubisoft desenvolveram o jogo. Não há nenhum detalhe sobre quantas pessoas estavam envolvidas, como era a rotina de trabalho ou sobre quaisquer desentendimentos no processo. Após esse comunicado, abre-se a tela de abertura com o título do jogo, decorado com engrenagens que giram e várias outras peças mecânicas de metal em ação, com vapor flutuando na tela. Esse é um *Assassin's Creed* ambientado logo após a Revolução Industrial, em uma Londres cheia de fábricas, conjuntos habitacionais, chaminés e linhas de trem.

O jogo gira em torno dos antepassados assassinos de Desmond, os gêmeos Jacob e Evie Frye, que tentam recuperar Londres dos templários e achar algum tipo de artefato. Os gêmeos estão armados com lâminas ocultas para esfaquear pessoas, podem correr livremente para cima e para baixo das construções e têm ganchos de escalada que os permitem pairar de um lugar para o outro. Com essas habilidades, eles transformam a cidade no seu perigoso parque de diversões. O foco deles é o vilão-chefe, Crawford Starrick, um templário que é o responsável pela situação atual em Londres. Como um personagem o descreve: "Não existe um único aspecto da sociedade que ele não controle. Nenhuma fábrica que escape de seu toque macabro". Na sua primeira missão, o jogador assume o controle de Jacob logo após invadir uma fábrica. Ele observa uma criança ser reprimida, gritando de dor. Rupert Ferris, "o industrial", reclama: "Durante quanto tempo ele pretende continuar com isso? Ele está prejudicando os outros trabalhadores. Cale a boca dele e arrume essa máquina! E me traga um pouco de láudano para minha dor de cabeça." Jacob responde, sem que ele possa escutar: "Já tá vindo". O jogador agora pode correr livremente pela fábrica para tentar alcançar Ferris, mas vai achar a porta trancada. Depois de se envolver em algumas boas sabotagens dentro da fábrica, Jacob pode ser conduzido para cair por entre as vigas e assassinar Ferris utilizando suas lâminas ocultas.

A partir do assassinato de Ferris, a história se desenvolve em uma série de missões principais, que consiste em retomar bairros de Londres, e várias, várias missões secundárias. Depois de causar alguns problemas, Starrick apresenta o seguinte monólogo:

> Senhores! Este chá foi trazido até mim da Índia por um navio, depois levado do porto até uma fábrica, onde foi embalado e transportado por uma carruagem até minha porta, desembalado na despensa e trazido até aqui em cima para mim. Tudo realizado por homens e mulheres que trabalham pra mim, que estão em dívida comigo, Crawford Starrick, pelos seus trabalhos, seu tempo e pelas vidas que levam. Eles vão trabalhar em minhas fábricas do mesmo modo que seus filhos também trabalharão. E vocês me vêm com essa conversa sobre Jacob Frye? Esse defeituoso insignificante que se autointitula assassino? Vocês desrespeitam todos os cidadãos que trabalham dia e noite para que nós possamos beber isto, este milagre, este chá.

Enquanto eu jogava essa parte do jogo, me veio à mente todos os diferentes trabalhadores e processos que precisaram ser organizados em várias partes do mundo para permitir ao jogador desfrutar "deste milagre". Os jogos eletrônicos, assim como uma xícara de chá, precisam de uma complexa cadeia global de suprimentos e diferentes tipos de trabalho para assegurar que o objeto final seja consumido pelo jogador. Desvendar hoje toda essa rede de suprimentos requer muito mais do que apenas estudar as falas desse monólogo cruel.

O primeiro encontro com Karl Marx em *Assassin's Creed Syndicate* ocorre na lotada estação de trem de Whitechapel, local em que, na minha vida real, eu costumava passar diariamente em Londres. Andando entre a multidão, Marx pode ser visto discutindo com um policial. Com seu sotaque alemão, ele berra: "Você não me assusta! Eu insisto em ser ouvido!". Uma vez que chega até Marx, um aviso mostra que o jogador pode iniciar a missão intitulada "Memórias de Karl Marx: o gato e o rato" e que eles precisam "auxiliar Marx a evitar a polícia londrina". Em um corte de cena (uma breve exposição de um clipe num jogo eletrônico), os gêmeos se aproximam de Marx, que se apresenta: "Eu sou ativista igual a vocês". Ele explica que os gêmeos "fizeram mais pelos cidadãos de Londres ultimamente do que qualquer empreendedor em uma década. Mas esses cidadãos já eram bem estabelecidos. Eu desafio vocês a me ajudarem com aqueles que *realmente* necessitam de ajuda: a classe trabalhadora." Antes que Jacob possa dizer qualquer coisa, Evie responde: "Um desafio interessante. Nós aceitamos". Marx então explica que ele está "organizando um encontro discreto com alguns amigos para discutir sindicatos". O jogador então é direcionado a "seguir Marx". Um bom início para a missão! A primeira missão consiste em os gêmeos matarem espiões para proteger Marx. O próximo encontro começa com Marx parado do lado de fora de uma fábrica. Um aviso na tela anuncia a missão: "Encontre provas de que a fábrica está abusando de seus trabalhadores". Marx explica:

A corrupção reina aqui, tenho certeza disso. O número de pessoas feridas por estas máquinas é imensurável, e ainda assim a empresa continua a prosperar. Eles precisam ser parados pelo bem da saúde dos pobres trabalhadores que aqui trabalham. Devem haver registros dos acidentes de trabalho em algum lugar lá dentro que comprovem esses atos ilícitos. Eu acho que vocês vão precisar achar o capataz, mas como convencê-lo a dar o relatório a vocês... Talvez... Se ele achar que a fábrica está pegando fogo, vocês podem blefar de alguma forma.

O jogador é direcionado a "encontrar e acender os fardos de algodão" junto com a opção "assassinato aéreo de um guarda". O jogador pode então invadir a fábrica, pulando por uma janela. Enquanto máquinas giram em torno dele, o jogador coloca fogo nos fardos de algodão, e a fábrica é preenchida por fumaça. O capataz sai, achando que eles estão sendo salvos, mas o personagem do jogador lhe fala: "Salvos, você é idiota? E os relatórios? Seu chefe não ficará feliz". O capataz, seguido pelo jogador, vai apanhar os relatórios. Uma vez ao lado de fora da fábrica, o jogador furta os relatórios do capataz e os entrega para Marx.

Os jogos eletrônicos, não é nenhuma surpresa ouvir isso, normalmente utilizam bastante licença artística quando retratam detalhes históricos. Marx não contratou gêmeos assassinos com lâminas escondidas nos pulsos para matar espiões, também não os convenceu a invadir fábricas e roubar relatórios. A história, pelo que sabemos, é muito menos excitante. A realidade é que Marx recorreu aos relatórios públicos disponíveis sobre inspeções em fábricas. Ele, mais tarde, também experimentou, com o uso de pesquisa como método, entrevistas junto aos trabalhadores, para questionar e entender a condição da classe trabalhadora.[6] Esse momento das entrevistas em *Assassin's Creed*, embora longe de ser parecido com o método real que Marx utilizou, é um dos mais propícios para ser usado como ferramenta para examinar a indústria que produziu o próprio jogo. Ele propõe um meio para desvendar o tipo de relação que Starrick apresenta no seu monólogo do chá, e coloca uma questão fundamental: de onde vem um jogo como *Assassin's Creed*? O que a sua criação sugere – dos trabalhadores que o desenvolveram à cadeia de produção que faz com que o jogo possa ser jogado *online* em casa, parecendo um "milagre" moderno, assim como o chá de Starrick. Em vez de persuadir assassinos para invadir os locais de trabalho das indústrias de jogos eletrônicos, este livro vai examinar o que nós podemos aprender quando aplicamos o questionamento marxista nos dias de hoje.

De volta a *Assassin's Creed*, existem duas missões subsequentes que tratam de um atentado a bomba, que Marx pede ao jogador para evitar. Marx é mostrado como um pacifista, enquanto o realizador do atentado é rotulado como um anarquista. A missão final, "*Vox Populi*", é um encontro com Marx num *pub* em Southwark. Depois dos assassinos se livrarem de inúmeras pessoas que estavam tentando sabotar o encontro, uma confusão total emerge, com tiros sendo disparados. Depois de salvar Marx, os assassinos são questionados: "Eu não imagino que vocês vão querer se filiar formalmente ao partido". Nenhum dos assassinos aceita a oferta. A recompensa aparece

---

[6] Karl Marx, "A Workers' Inquiry", *The New International* Vol. 4, n. 12 (1938).

na tela "$1100+150, XP 850+150" e "cor: vinho" – que significa que a partir de agora os personagens estão virtualmente mais ricos e mais experientes, e também podem usar roupas vermelhas. Os assassinos podem não ter se juntado aos comunistas (até porque essa opção não é dada ao jogador), mas eles podem agora, ao menos, se parecer com um (coisa que, claro, eu escolhi fazer imediatamente enquanto jogava o jogo).

Nós sabemos, obviamente, que Marx nada tinha a dizer sobre jogos eletrônicos, dado que eles não existiam na sua época (apesar de ele ser um jogador de xadrez e de existir até um registro dos jogos que jogou após terminar de escrever *O Capital*).[7] Assim como na missão dos gêmeos Frye, neste livro eu "seguirei" Marx, viajando pelo universo dos jogos eletrônicos. A primeira parte é uma discussão sobre como os jogos eletrônicos são criados, em que eu cubro sua história, analiso sua indústria e foco nos trabalhadores bem como eles estão organizados hoje. Na segunda parte eu discuto a prática de jogar jogos eletrônicos. Isso inclui pensar em como analisar a cultura, olhando quais os principais gêneros de jogos, o papel da política e o que acontece nos jogos *online*. A conclusão defenderá que marxistas deveriam ser interessar por jogos eletrônicos (apesar do fato de que muitos os têm ignorado) e que os jogadores desse tipo de jogo podem se beneficiar ao adotar uma análise marxista.

Os jogos eletrônicos são um terreno de disputa cultural, moldados pelo trabalho, pelo capitalismo e por ideias sobre a sociedade. Pelas páginas que se seguem, eu vou avançar na luta e na resistência que marcaram os jogos eletrônicos desde o início, pensando no que isso significa hoje.

---

[7] "Karl Marx *vs.* Meyer", *Chessgames*. Disponível em: www.chessgames.com/perl/chessgame?gid=1278768.

PARTE I
DESENVOLVENDO JOGOS ELETRÔNICOS

Uma história do jogar e dos jogos eletrônicos

Antes de abordarmos como os jogos eletrônicos são feitos e jogados, a primeira pergunta que precisa ser respondida é: o que é, na verdade, um jogo eletrônico? Claro que você tem uma ideia do que isso seja, mas o que o define pode ser bem difícil de apontar. Um dos indícios dessa dificuldade é o fato de que ainda não há um consenso sobre qual seria melhor termo a se usar. Eu mesmo enfrentei esse dilema, tanto no título como no subtítulo do livro, e acabei utilizando "videogame"[8], o que me pareceu uma opção sensata. Quando eu era criança, "videogames" eram um conceito mais vasto; "jogos de computadores" se referiam àqueles jogados em computador, enquanto a separação do termo em duas palavras, como "jogos de tabuleiro", não me parecia apropriada. Logo, há uma certa controvérsia sobre qual terminologia a ser usada. Mais do que um mero motivo para discussão acadêmica, a terminologia diz algo de in-

---

[8] N. da T.: O termo escolhido pelo autor na língua inglesa é "videogame", e se refere a um jogo jogado eletronicamente pela manipulação de imagens produzidas por um programa em uma TV ou outra tela de exibição qualquer. No Brasil o termo "videogame" se refere ao aparelho (ou console) e não abrange necessariamente os jogos em si e suas variáveis para computadores e celulares, por exemplo. Sendo assim, com exceção à este trecho de justificativa conceitual da parte do autor, optamos por usar "jogos eletrônicos", e não "videogame", devido à sua maior abrangência.

teressante sobre os jogos eletrônicos, e vale examinar isso com mais detalhes.

Para ilustrar essa pequena controvérsia, eu decidi usar o Twitter – uma rede social onde o confronto de ideias é frequente – para colocar essa questão. Em uma enquete, perguntei: "Questão de nomenclatura acadêmica: qual termo você prefere?", oferecendo as seguintes opções "videogames", "video games", "video-games" ou "outra opção".[9] Um dos meus colegas logo respondeu: "Você acabou de jogar uma pedra num ninho de vespas, Jamie!". Enquanto alguns participaram apenas votando, uns poucos também comentaram. Um dos comentadores notou que "ao menos todos nós concordamos que uma das opções é totalmente descabida". Um outro me chamou a atenção para "quando utiliza-se 'videogame' implica que eles são seu próprio item cultural – enquanto 'video game' parece ser apenas extensão de uma outra mídia audiovisual". Num total de 167 votos, 48% escolheram "video games", 44% "videogames", 5% "outra opção" e 3% "video-games". Além disso, estava claro que certas pessoas prefeririam – por um ponto de vista acadêmico – descrevê-los como "jogos eletrônicos". Por exemplo, uma pessoa pontuou que "usa 'jogos eletrônicos' mas muda para 'video game' se o público não entende esse termo". Outro colega trabalhou essa questão em sua dissertação de doutorado, tentando "sempre que for possível usar 'jogos eletrônicos' para ser o mais abrangente possível".

Talvez essa tenha sido a abordagem mais científica para estabelecer qual termo usar, mas a razão para investigar isso é mostrar que a terminologia referente a jogos (bem como os limites que a constituem) é polêmica. E também mostrar que as

---

[9] Ver: Jamie Woodcock (@jamie_woodcock), "Academic writing question: which term do you prefer?", Twitter, 14 de maio, 2018.

pessoas se importam com esse assunto. Por exemplo, se este fosse um livro sobre cinema e marxismo, ficaria muito mais claro quais seriam os assuntos abordados. Em parte, isso acontece porque, independentemente do termo que escolhamos usar, os jogos eletrônicos se apresentam numa enorme variedade de formas. Bill Kunkel, que foi, sem dúvida, um dos primeiros jornalistas a cobrir jogos eletrônicos e fundou a primeira revista dedicada ao assunto, justifica:

> "Videogames" não faz sentido gramaticalmente, mas é como a indústria usa, e eu sempre achei que fosse o termo que refletia a natureza única do meio. Eu uso o termo desde 1978 e nunca parei. O que eu não percebi é que, com o passar dos anos, uma cisma se desenvolveu em volta deste termo. Eu não compreendi como as pessoas se sentiam sobre isso até eu mencionar que adotaria esse termo de uma só palavra.[10]

Vale a pena discutir a razão desse uso de termos diferentes, pois isso reflete o grande desafio de definir não apenas o termo, mas o que é de fato um jogo eletrônico, que também é um tópico controverso. Por exemplo, em um dos experimentos da Molleindustria, uma desenvolvedora radical de jogos independentes, ela desenvolve um aplicativo que gera aleatoriamente a definição do que é um jogo. Ironizando as tensões, destacando a dificuldade do que limitar na definição, o que incluir e o que deixar fora. Minha definição preferida do que é um jogo (até agora) é a seguinte:

---

[10] Chris Kohler, "On 'Videogame' *Versus* 'Video Game'". *Wired*, 12 nov. 2007.

Jogo / (pl. jogos) – um meio dinâmico que envolve conflitos ordenados em busca de um objetivo vulgar.[11]

Essa definição condensa bem um dos olhares que podemos ter sobre os jogos eletrônicos. São "dinâmicos", no momento em que o jogador interage com eles; envolvem "conflitos ordenados" uma vez que têm um conjunto de regras em que os jogadores tentam obter algo do jogo: um "objetivo vulgar". Entretanto, esse exemplo não cobre toda a gama de jogos eletrônicos que vêm sendo criados.

Uma definição mais técnica que podemos usar é "um *jogo* que pode ser jogado graças a um *aparato audiovisual* que pode ser localizado dentro de uma *história*".[12] Essa definição, dada por Nicolas Esposito, significa que nós estamos olhando para um formato em que o jogador joga e interage com um jogo, que pode ter uma narrativa. A interação acontece via um "aparato audiovisual" – um computador, videogame e televisão, celulares, *tablet* etc. – que o diferencia de outros tipos de jogos. A grande diferença é que, ao contrário dos jogos não eletrônicos – jogos de tabuleiros e assim por diante –, esses "adicionam automação e complexidade – eles podem gerar e calcular regras por si próprios, permitindo, assim, uma riqueza mais ampla no mundo dos jogos, e também manter um ritmo ao longo do jogo".[13] Ele

---

[11] "Game Definitions", Molleindustria. Disponível em: www.gamedefinitions.com/#.

[12] Nicolas Esposito, "A Short and Simple Definition of What a Videogame Is", Proceedings of DiGRA 2005 Conference: Changing Views – Worlds in Play, 2005.

[13] Jesper Juul, "Introduction to Game Time", em *First Person*, Noah Wardrip-Fruin and Pat Harrigan (editores). Cambridge, MA: MIT Press, 2004, 140.

aponta outro aspecto importante dos jogos eletrônicos: que "a jogabilidade é um elemento... Um fator que não está presente em nenhuma outra forma de arte: interatividade".[14]

Esse tipo de interatividade representa uma quebra em relação às outras formas de arte e cultura, juntamente com o fenômeno de massas que os jogos eletrônicos se tornaram. Entretanto, apesar da novidade que são os jogos eletrônicos, os jogos e o jogar têm uma longa história.

Os jogos e o jogar

Quando ligamos um videogame, nossa intenção é jogar. E jogar é um conceito interessante e difícil de tentar entender no capitalismo. Pela sua natureza, é uma atividade improdutiva. Na era do neoliberalismo, ouvimos falar constantemente sobre as virtudes do trabalho – não somente quando estamos trabalhando – e da necessidade de nos atualizarmos e estudarmos para melhorar profissionalmente. Jogar parece ir contra isso, geralmente é visto como uma perda de tempo que poderia ser gasto com o desenvolvimento de nosso "capital humano" ou algum outro termo deprimente usado por gestores. Entretanto, apesar dessa ênfase na produtividade do "capitalismo real",[15] jogar ainda é visto como algo importante no desenvolvimento humano.

Como o ato de jogar tem um papel reconhecido na infância, é normalmente diminuído e relegado a um estágio específico do desenvolvimento da vida, não sendo considerado como uma atividade séria. Como Johan Huizinga afirma: "Jogar é mais do

---

[14] Richard Rouse, *Game Design*. Sudbury, MA: Wordware Publishing, 2004, xx.

[15] Mark Fisher, *Capitalist Realism: Is There No Alternative?* Winchester: Zero Books, 2009.

que um mero fenômeno fisiológico ou um reflexo fisiológico... É uma atribuição *significativa* – quer dizer, há um sentido nisso... Todas as formas de jogar significam algo".[16] A dificuldade é desvendar o que jogar significa no contexto dos jogos eletrônicos. É uma forma de extravasar um excesso de energia, de se preparar ou treinar para atividades mais sérias, de relaxar e se recuperar ou uma combinação de tudo isso? Nessa visão, jogar só faz sentido se estiver relacionado ao trabalho, não tem valor por si só. Isso significa também que o jogo está geralmente em segundo plano, apesar do jogar desempenhar uma grande parte em nossas vidas. Huizinga continua:

> Ao menos é desta forma que o jogo se apresenta para nós em um primeiro momento: como um interlúdio na nossa vida cotidiana. Como uma forma recorrente de relaxar, no entanto, acaba se tornando um acompanhamento, um complemento, uma parte integral de nossa vida no geral. Embeleza a vida, a amplifica, e isso é tanto uma necessidade para o indivíduo – como função vital – quanto para sociedade em razão do significado que contém, seu valor expressivo, suas associações espirituais e sociais, em resumo, como uma função cultural.[17]

Há aqui um reconhecimento da importância do jogar em como nós nos recuperamos e nos preparamos como trabalhadores fora do ambiente de trabalho.[18]

---

[16] Johan Huizinga, *Homo Ludens: A Study of the Play-Element in Culture*. Kettering, OH: Angelico Press, 2006, 1.

[17] Huizinga, *Homo Ludens*, 9.

[18] "The Workers' Inquiry and Social Composition", *Notes from Below*, 29 jan. 2018. Disponível em: www.notesfrombelow.org/article/workers-inquiry-and-social-composition.

Entretanto, jogar não é tão simples assim. Huizinga vai mais além, enfatizando a importância dos jogos na cultura. Esses aspectos de difícil mensuração significam que o jogar pode assumir conotações bastante românticas. Huizinga resume:

> Nós podemos chamar... Uma atividade livre que fica propositadamente fora da vida "normal" como sendo algo "não sério", mas ao mesmo tempo absorvendo o jogador intensamente e por completo. É uma atividade que não é ligada a nenhum interesse material, e nenhum lucro pode ser tirado dela. Desenvolve-se dentro de seus próprios limites de tempo e espaço junto com regras bem definidas e de maneira ordenada. Estimula a formação de grupos sociais que tendem a se cercar de sigilo e expressar suas diferenças do mundo normal pela dissimulação ou por outros meios.[19]

Nós poderíamos facilmente aplicar esse conceito para os jogos eletrônicos. Pense nos momentos em que você estava absorvido em um jogo de videogame, algo que não lhe traz nenhum benefício material fora do jogo. Parece que, no momento em que está jogando, você é sugado para dentro de outro universo, com as demandas e o estresse do mundo real suspensas.

Esse tipo de ideia romântica nos leva a analisar o jogar como tomar parte de um "círculo mágico".[20] Dessa perspectiva, os jogos podem ser compreendidos dentro de seus próprios termos. Nós podemos, então, investigar como as pessoas jogam dentro desse limite "mágico". Por exemplo, já foi dito que esses limites imaginários "podem ser considerados um tipo de escudo, pro-

---

[19] Huizinga, *Homo Ludens*, 13.

[20] Katie Salen and Eric Zimmerman, *Rules of Play: Game Design Fundamentals*. Cambridge, MA: MIT Press, 2003, 94.

tegendo o mundo de fantasia do mundo externo".[21] Katie Salen e Eric Zimmerman foram mais longe, dizendo que "existe, de fato, algo genuinamente mágico que acontece quando se inicia um jogo".[22]

Enquanto isso nos soa realmente excitante, não há nada verdadeiramente "mágico" em jogar. Em vez de montar uma barreira imaginária com relação ao jogar, nós precisamos entender como tanto os jogos como o jogar estão inseridos nas relações econômicas e sociais. Nick Dyer-Witheford e Greig de Peuter defendem isso no seu excelente livro *Games of Empire* (um texto que vou retomar ao longo da minha discussão sobre jogos eletrônicos):

> Os jogos sempre serviram aos impérios: da aclamação de Cícero dizendo que a luta de gladiadores cultivava as virtudes marciais de que Roma necessitava à afirmação apócrifa do Duque de Wellington de que a batalha de Waterloo foi vencida nos campos de jogos de Eton, ou o jogo de guerra prussiano *Kriegspiel* que foi base do Plano Schlieffen utilizado pelos alemães na Primeira Guerra. Mas os jogos também se voltaram contra o império, desde o banho de sangue da revolta de Spartacus às vinganças sutis dos críquetes das Índias Ocidentais derrotando seus senhores coloniais ingleses.[23]

---

[21] Edward Castronova, *Synthetic Worlds: The Business and Culture of Online Games*. Chicago, IL: University of Chicago Press, 2005, 147.

[22] Salen and Zimmerman, *Rules of Play*, 95.

[23] Nick Dyer-Witheford and Greig de Peuter, *Games of Empire: Global Capitalism and Video Games*. Minneapolis e Londres: University of Minnesota Press, 2009, XXXIV.

Não é surpresa que Huizinga não olhe esse aspecto do mundo dos jogos, uma vez que era um historiador medieval conservador. Entretanto, ele levanta algumas ideias interessantes sobre os jogos.

Nós podemos olhar também para os escritos de Roger Caillois, que critica Huizinga, para pensar o jogar sob a esfera do capitalismo. Caillois argumenta que jogar "não cria riqueza nem bens, diferindo, assim, do trabalho ou da arte". Nesse processo, ele diz, "nada foi colhido ou manufaturado, nenhuma obra-prima foi criada, nenhum capital foi acumulado. Jogar é um evento de puro desperdício: desperdício de tempo, energia, criatividade, habilidade e também de dinheiro para comprar equipamentos de jogos ou eventualmente para pagar ao estabelecimento".[24] A definição de jogar de Caillois é particularmente útil se nós a aplicarmos aos jogos eletrônicos. Ele defende, primeiro, que jogar é uma escolha "livre", de outro modo perderia sua característica de não trabalho. Segundo, ela é "separada" de outras partes da vida, limitada em termos de tempo e espaço, definidos antes de se iniciar a atividade. Terceiro, o desfecho é "incerto", exigindo ao jogador tomar iniciativa mesmo sem que os resultados sejam claros previamente. Quarto, é "improdutivo", não cria nada no processo. Quinto, é "gerido por regras" que criam novos acordos e maneiras de fazer coisas enquanto deixa em suspenso as regras do dia a dia. Sexto, é um "fazer acreditar", o que significa que é diferente, e antagônico, da vida real.[25] Quando o jogar é definido por esses seis aspectos, geralmente é constituído por jogos.

---

[24] Roger Caillois, *Man, Play and Games*. Urbana e Chicago: University of Illinois Press, 2001, 5-6.

[25] Roger Caillois, *Man, Play and Games*, 9-10.

Nós podemos observar claramente essas características nos jogos eletrônicos. Nós fazemos uma escolha "livre" ao decidir jogá-los, normalmente no ambiente "separado" do videogame ou computador; nós não sabemos como o jogo vai prosseguir, já que os jogos eletrônicos são "incertos" (mesmo quando somos realmente bons no jogo); a atividade é "improdutiva" em termos capitalistas; os jogos eletrônicos contêm "regras" complexas, mesmo que várias delas estejam ocultas para o jogador; e eles são um "fazer-acreditar" de diversas formas. Se o jogar abrange aspectos espontâneos e difíceis de definir (os quais Caillois identifica com a palavra latina *paidia*), então os jogos apresentam ações estruturadas com regras explícitas (*ludus*), assim como elementos de competição (*agôn*), sorte (*alea*), simulação (*mimicry*) e vertigem (*ilinx*, não se referindo à náusea da experiência física mas à simulação de alta velocidade ou um tumulto desenfreado).[26] Tornar-se mais familiar a esses termos vai nos ajudar a entender, mais tarde, os diferentes tipos de jogos.

Caillois era também um surrealista que via um grande potencial político na arte vanguardista. Assim sendo, suas considerações sobre política e jogos partem da ideia de que "para o jogador ser espontaneamente liberto por um jogo como um meio para uma sociedade livre, o jogo tem de criar um sistema de crenças que está além de uma realidade conhecida". No processo, ele reproduz parte do círculo mágico e "o jogo tem de permanecer separado da realidade".[27] Nós podemos pegar essas reflexões de Caillois lendo-o por uma ótica marxista, em que o conceito de jogar pode também começar por um deslocamento, não da realidade, mas "do trabalho diário, separado

---

[26] Caillois, *Man, Play and Games*, 12, 13.

[27] Lars Kristensen e Ulf Wilhelmsson, "Roger Caillois and Marxism: A Game Studies Perspective", *Games and Culture* 12, no. 4, 2017, 388.

dos meios de produção que são propriedade não do trabalhador, mas do empregador, do capitalista".[28] O ato de jogar pode ser, portanto "uma maneira do trabalhador deixar de ser um empregado, por um período limitado, e se tornar, num sentido surrealista, 'outra coisa' que não um escravo dentro dos limites do capitalismo".[29] Isso vai bastante ao encontro dos jogos eletrônicos. Chegar em casa após o trabalho e se entregar aos jogos eletrônicos proporciona um escape para milhões de trabalhadores todos os dias. Por um momento, ele não é mais um proletário, mas alguém livre para vivenciar novos mundos fora das condições capitalistas.

Os jogos eletrônicos fornecem um espaço de experimentação, de descoberta, mas também de alívio do trabalho capitalista. Em certo sentido, Marshall McLuhan faz uma declaração similar, defendendo que "a arte e os jogos nos permitem permanecer fora da pressão material cotidiana e convencional, observando e questionando. Os jogos, como uma forma popular de arte, oferecem a todos um meio de participação imediata num aspecto amplo da vida social, assim como nenhuma função de trabalho pode oferecer a um homem".[30] Está claro que os jogos têm tido, historicamente, uma função social importante. Como McLuhan observa "Os jogos de um povo revelam muitos aspectos sobre ele".[31] Portanto, nós devemos focar agora em como os jogos eletrônicos se desenvolveram ao longo do tempo.

---

[28] *Idem.*

[29] *Idem.*

[30] Marshall McLuhan, *Understanding Media: The Extensions of Man.* Londres: Routledge, 2001, 258.

[31] McLuhan, *Understanding Media: The Extensions of Man.*

Uma história dos jogos eletrônicos

A história dos jogos eletrônicos pode não ser tão longa como a do jogar, mas ainda assim é complexa. Alguns podem se surpreender com a sua extensão, e também com as forças que moldaram esses jogos ao longo do tempo. É uma história de lados diferentes: de *hackers* e controle corporativo, radicais e militares, *software* livre e código proprietário, material e imaterial, resistência e captura, fuga do trabalho e inserção em novas profissões, entre outros. É também a história do crescimento de uma indústria capitalista específica que já existe há cerca de meio século. Aqueles primeiros jogos eletrônicos, dos quais eu comentei anteriormente, estão longe de ser os primeiros, e muitos deles já foram perdidos ou quase esquecidos. Os jogos eletrônicos não são mais uma novidade, nem a sua indústria.

Para começar bem do início, o National Museum of Play, em Nova York, afirma que o primeiro jogo eletrônico foi um computador desenvolvido por encomenda em 1940: o Nimatron. Era possível jogar uma versão do jogo *Nim*, no qual os jogadores têm de evitar pegar o último fósforo. (No Nimatron isso significava apagar as luzes que representavam os fósforos restantes). O computador foi construído numa cabine que se parecia um pouco com as máquinas de fliperama que apareceriam depois e foi apresentado apenas brevemente na Feira Mundial. Em 1947, uma patente foi apresentada para o "dispositivo de diversão de tubo de raios catódicos", que, apesar de não parecer tão divertido, se conectava a um visor osciloscópio para os jogadores poderem atirar com uma arma nele.[32] Em 1950, Claude Shannon publicou um artigo sobre desenvolver um programa

---

[32] "Video Game History Timeline", National Museum of Play. Disponível em: www.museumofplay.org/about/icheg/video-game-history/timeline.

de computador para jogar xadrez. Ele percebeu que "apesar de talvez não haver nenhuma importância prática, a questão é de interesse teórico, e espera-se que uma resolução satisfatória deste desafio atue como um calço na resolução de outros problemas de natureza similar e de maior significância".[33] No mesmo ano, Shannon e Alan Turing criaram separadamente programas que eram capazes de jogar xadrez. Entretanto, isso não levou imediatamente a uma difusão do jogo de xadrez eletrônico. Eles não eram jogos eletrônicos no significado moderno do termo, eram curiosidades e experimentos iniciais, mais demonstrações técnicas do que algo divertido e para ser jogado.

A base tecnológica dos jogos eletrônicos foi estabelecida pelos militares estadunidenses. Como Dyer-Witheford e de Peuter declararam: "Eles foram originados no complexo industrial-militar estadunidense, o centro armado nuclear da dominação global do capital, no qual eles permanecem ligados umbilicalmente".[34] O complexo industrial-militar estava alistando os "primeiros recrutas de trabalho intelectual, pessoal com alta qualificação técnico-científica contratados para estarem preparados, direta ou indiretamente, para uma guerra nuclear com a União Soviética". Essa preparação significava estabelecer centros acadêmicos de pesquisa com fundos militares e desenvolver "o amplo sistema de contratos de defesa, nos quais as gigantes corporações dos Estados Unidos, abarcando empresas de informação e telecomunicações", incluindo a IBM, "se preparassem para o apocalipse".[35] A experiência alocada para o trabalho na academia, nas forças armadas e nos laboratórios corporativos

---

[33] Claude E. Shannon, "Programming a Computer for Playing Chess", *Philosophical Magazine* 41, n. 314, 1950.

[34] Dyer-Witheford e de Peuter, *Games of Empire*, XXIX.

[35] Dyer-Witheford and de Peuter, *Games of Empire*, 7.

também foi usada nos primeiros jogos. Em 1952, A. S. Douglas criou um "jogo da velha" para pesquisa no computador EDSAC em Cambridge. Dois anos mais tarde, no laboratório de Los Alamos (notório pelo Projeto Manhattan e a bomba atômica), programadores, durante o tempo livre, desenvolveram o primeiro jogo de *blackjack* em um IBM 701.[36]

Esses primeiros jogos ligados ao complexo industrial-militar foram posteriormente consolidados em 1955 com a implementação do jogo militar de guerra *Hutspiel*, que simulava uma guerra entre a Otan e a União Soviética, representados, respectivamente, por figuras azuis e vermelhas. As semelhanças entre essas simulações e jogos eletrônicos posteriores foram abordadas no filme *Jogos de Guerra*, de 1983, no qual o personagem de Matthew Broderick invade um supercomputador militar. Ao achar o *Guerra Termonuclear Global* instalado no sistema, ele acredita que é um jogo e começa a jogar como a União Soviética. Na verdade, ele está jogando contra um programa que comanda centros de controle reais de lançamento de mísseis, que, por sua vez, não detectam que é apenas uma simulação. A situação quase deflagra uma guerra nuclear (que quase se tornou verdadeira na vida real), mas o personagem de Broderick consegue usar o jogo da velha para demonstrar que só cenários de derrota são possíveis em uma guerra nuclear.

Em 1956, Arthur Samuel apresentou em rede nacional um jogo de damas no IBM 701, que seis anos mais tarde derrotaria um grande mestre do jogo de damas. Em 1957 Alex Bernstein escreveu um programa completo de xadrez para o IBM 704, que, na época, podia calcular quatro movimentos adiante. No ano seguinte, William Higinbotham apresentou um jogo de tênis que era jogado com um computador analógico e um oscilos-

---

[36] "Video Game History Timeline".

cópio, mas foi abandonado dois anos mais tarde e praticamente esquecido. O jogo criou, no entanto, as bases para o jogo *Pong*. Estudantes do MIT criaram um jogo simples chamado *Mouse in the Maze* no computador TX-0. A versão original mostra um camundongo procurando queijo dentro de um labirinto, mas foi posteriormente adaptado para um camundongo procurando martinis para beber. Em 1960, John Burgeson, de licença médica da IBM, desenvolveu um simulador de beisebol. Voltando ao trabalho em 1961 ele comandou o programa de estatísticas pesadas para o IBM 1620. No mesmo ano, Raytheon desenvolveu um simulador da Guerra Fria para as Forças Armadas dos Estados Unidos. A simulação era muito complexa para a maioria dos usuários, então uma versão alternativa análoga foi criada.[37]

Em 1962 aconteceram dois grandes eventos do início da história dos jogos eletrônicos. O primeiro seguiu a Crise dos Mísseis em Cuba, que viu o lançamento do jogo de guerra de computador *Stage* (Simulation of Total Atomic Global Exchange) pelo Departamento de Defesa dos Estados Unidos. Em vez de terminar em total destruição mútua, a simulação previa que os Estados Unidos derrotariam a União Soviética numa guerra termonuclear.[38] Infelizmente, diferente do filme *Jogos de Guerra*, não há nenhum registro da simulação de um jogo da velha para mostrar o contrário (por sorte, isso nunca foi testado na prática, caso contrário a história dos jogos eletrônicos – e do resto do mundo – teria sido bem mais curta).

Dentro do "complexo militar-industrial-acadêmico" que surgiu, sistemas de computador tornaram-se "parte deste mundo fechado, uma forma crucial para calcular as opções das es-

---

[37] "Video Game History Timeline".
[38] "Video Game History Timeline".

tratégias nucleares, de pensar o impensável".[39] Por volta dessa mesma época, Steve Russell, um estudante do MIT, inventou o *Spacewar!*. O jogo representou uma importante ruptura, mostrando que "simulações também podem ser divertidas ao trabalhar em cenários de destruição em massa, caso elas percam o elo com aplicações sérias, amenizado por sua "doçura" e singularidade técnica sem finalidades importantes, transformado-se em brincar".[40]

Diferentemente das demonstrações anteriores do uso potencial da computação de trabalhar com os aspectos práticos de uma guerra nuclear, o *Spacewar!* foi desenvolvido para *brincar*. Esses tipos de fuga se tornaram possíveis, nas palavras de Dyer-Witheford e de Peuter, "porque os militares davam bastante liberdade a estes trabalhadores intelectuais". Ao contrário dos usuários das simulações militares de Raytheon, esses trabalhadores sabiam como programar os computadores. Dessa maneira, "transgredir o procedimento padrão, brincar com computadores, era ao menos tolerado porque este era o jeito de descobrir novos usos e opções. Tais transgressões incluíam fazer jogos".[41] *Spacewar!* se espalhou entre os militares pela ARPANET (uma antecessora da internet), onde foi jogado mas também modificado de diversas formas.[42]

Dyer-Witheford e de Peuter identificam não um, mas dois "medos comunistas" que ocorreram com a interseção dos jogos eletrônicos e o complexo industrial-militar. O primeiro foi a competição externa entre Estados Unidos e União Soviética. O segundo foi interno – a combinação da contracultura *hacker* e

---

[39] Dyer-Witheford and de Peuter, *Games of Empire*, 7.

[40] Dyer-Witheford and de Peuter, *Games of Empire*, 7.

[41] Dyer-Witheford and de Peuter, *Games of Empire*, 8.

[42] Dyer-Witheford and de Peuter, *Games of Empire*, 9.

a Nova Esquerda. Isso surge com a oposição à Guerra do Vietnã, juntamente com as manifestações nos *campus* e as enormes convulsões sociais de 1968.[43] Este último medo pode ser visto na difusão e na natureza colaborativa de *Spacewar!*. Ele vem desde o início da cultura do cientista da computação *"freak"* que estava em oposição às instituições e aos militares. Os estudantes do MIT se uniram no Tech Model Railroad Club, achando meios para terem acesso aos computadores, ao que eles começaram a chamar de *"hacking"*.[44] Não foi o desejo de fazer dinheiro que os conduziu. John Kemeny, que também estava envolvido no complexo industrial-militar como parte do Projeto Manhattan, representava um outro exemplo deste tipo de *éthos* inicial dos jogos eletrônicos. Ele criou a linguagem de programação Basic e um sistema de tempo-compartilhado para computadores no Dartmouth College. Essa linguagem facilitou que os estudantes criassem jogos, enquanto o sistema de tempo-compartilhado deu acesso ao *hardware* para testá-los e jogá-los, o que permitiu que muito mais jogos fossem escritos e experimentados, junto à ideia de que qualquer um poderia ser um programador.[45]

Enquanto Higinbotham e Russell eram candidatos a inventores dos jogos eletrônicos, foi Ralph Baer quem fez sucesso comercial primeiro. Baer criou a ideia de jogar jogos eletrônicos na televisão. Era uma ideia extravagante na época, mas fundou a base para os futuros consoles de videogame. Um ano depois ele desenvolveu o *Brown Box*, um nome não tão excitante para um protótipo que jogava tênis e outros jogos. Bear criou uma patente em 1968, e quatro anos depois a Magnavox lançou o *Odyssey*, um videogame projetado para ser jogado em casa,

---

[43] Dyer-Witheford and de Peuter, *Games of Empire*, 9.

[44] Dyer-Witheford and de Peuter, *Games of Empire*, 8.

[45] "Video Game History Timeline".

baseado em seu protótipo.[46] Paralelamente a esse sucesso, continuou-se a proliferação de jogos dentro da linha *hacker*. Por exemplo, em 1970, as regras de *Game of Life* (também conhecido com *Life*) foram publicadas na *Scientific American*.[47] Nesse jogo, os jogadores escolhem um *status* inicial, que é uma configuração de células, depois, pela aplicação de uma série de regras, eles observam como evolui. Essas regras foram implementadas pelos *hackers* nos seus computadores, disponibilizando acesso livre ao jogo. Um ano depois, estudantes do Carleton College, em Northfield, Minnesota, criaram *The Oregon Trail*. O simulador foi desenvolvido para ser jogado em uma única máquina de teletipo, mas depois foi distribuído nacionalmente nos Estados Unidos.[48]

Tudo isso mudou com o lançamento de *Pong*. O jogo de tênis de mesa foi lançado pela Atari em 1972. Uma versão-teste foi instalada no Andy Capp's Tavern em Sunnyvale, Califórnia, e tornou-se tão popular entre os jogadores que quebrou depois de tantas moedas colocadas na máquina. Esse entusiasmo em gastar dinheiro com jogos eletrônicos levou ao desenvolvimento do *Home Pong* três anos mais tarde.

O jogo falhou em ser adquirido por lojas de brinquedos, em vez disso, era vendido nos departamentos esportivos da Sears como se fosse um tipo de versão de tênis.[49] Os jogos eletrônicos estavam lutando para achar seu espaço enquanto começavam a se tornar populares, e a dificuldade em vender *Home*

---

[46] "Video Game History Timeline".

[47] Martin Gardner, "Mathematical Games: The Fantastic Combinations of John Conway's New Solitaire Game 'Life'", *Scientific American* 223, 120-3, 1970.

[48] "Video Game History Timeline".

[49] "Video Game History Timeline".

Pong prova que o problema de definir o que é um jogo eletrônico estava presente naquela época da mesma forma que está hoje. Apesar disso, a Atari se tornou uma empresa de enorme sucesso, "uma inovadora tecnológica no coração de uma cultura computacional burguesa do Vale do Silício", com um sentido de experimentação que mais tarde foi capturado na série televisiva *Halt and Catch Fire*, da AMC.[50] A Atari foi capaz de capturar a "recusa ao trabalho" que se seguiu após os movimentos estudantis de 1968. Essa recusa mostrava jovens trabalhadores rejeitando os empregos que a geração de seus pais tinha, negando-se a trabalhar nos termos do capital. Empresas como a Atari prometiam o "jogar como forma de trabalhar", como uma alternativa às condições restritivas da indústria ou dos escritórios fordistas. Era a inovação da cultura do ambiente de trabalho "trabalhe duro, divirta-se bastante" que se tornou tão influente no Vale do Silício. Porém, a empresa foi posteriormente vendida para a Warner Communications, uma empresa claramente convencional.[51]

Nessa mesma época, em 1973, David Ahl publicou 101 *Basic Computer Games*, que incluía os códigos para o *Chomp*, um jogo de estratégia para dois jogadores; *Hexapawn*, um pequeno jogo de xadrez individual só de peões; *Hamurabi*, de gerenciamento de recursos com interface em texto; *Nim*, apresentado anteriormente; e *Super Star Trek*, com interface em texto bem popular onde o jogador comanda a *USS Enterprise*. O livro chegou a vender 1 milhão de cópias, com 10 milhões de computadores pessoais capazes de rodar os jogos em meados dos anos 1980.[52] O foco em primeira pessoa foi implementado em 1974

---

[50] Dyer-Witheford and de Peuter, *Games of Empire*, 11.

[51] Dyer-Witheford and de Peuter, *Games of Empire*, 12.

[52] John J. Anderson, "Dave Tells Ahl: The History of Creative

com o *Maze War*, um jogo com gráficos *wire-frame* básicos. A versão de Don Woods do jogo *Adventure*, lançado em 1979, pegou inspiração em *Dungeons & Dragons* e formou as bases dos futuros jogos de RPG. Todos os exemplos foram, de certa forma, a continuação da ética "faça você mesmo" e da tradição *hacker* dos primeiros jogos eletrônicos.

Meu pai era estudante em 1974 e jogou seu primeiro jogo eletrônico em um PDP-8, um equipamento digital de 12 *bits*. Era um jogo simples de golfe que precisava ser carregado no computador manualmente chaveando instruções no painel frontal, depois os resultados eram mostrados em um teletipo e papel. Colocavam-se as instruções selecionando um clube de golfe específico e indicando o quão forte deveria ser o balanço da tacada, então o programa imprimia a trajetória da bola de golfe como uma parábola com passagens de intervalo (ou marcas transitórias, como eles chamam nos Estados Unidos). Era necessária a inversão do avanço de linha para que o papel fosse colocado no teletipo enquanto a bola desenhava uma parábola. Uma vez que a bola chegava ao ponto mais alto que podia, o avanço de linha determinava a direção precisa, e a bola descia da parábola para o chão e, com sorte, no buraco. Ele descrevia isso como um "jogo completamente viciante".

Um ano mais tarde, ele escreveu seu primeiro jogo para um microcomputador Modular One. O computador era para ser usado no ensino, e ele deveria estar nesse projeto escrevendo um programa de calendário para avaliação de sala. Em vez disso, ele desenvolveu um jogo de pouso lunar na linguagem de controle do sistema operacional GEORGINA (um tipo específico de linguagem de programação que não foi desenvolvido para funções de jogos). O jogo era representado visualmente em

---

Computing", *Creative Computing* 10, n. 11, 1984.

uma tela Newbury que tinha figuras ascii verdes luminosas em um fundo preto (como aqueles terminais presentes nos jogos *Fallout* recentes), e foi inspirado em um jogo anterior de uma calculadora científica da Texas Instruments e similar ao *Lunar Lander*, lançado pela Atari em 1979. O jogo implicava em trazer um módulo lunar de órbita e pousá-lo na superfície controlando seus motores. O sucesso era dobrado: quanto mais baixa a velocidade do pouso na lua melhor, mas o jogador também precisava ter combustível suficiente guardado para decolar novamente. O jogo em si foi um sucesso no uso de um computador que não tinha sido desenvolvido para esse tipo de jogo, um escape dos trabalhos de aula.

Em um outro indício dessa luta entre *hackers* e corporações, oficiais e não oficiais (com uma tendência a favor das corporações), a Atari lançou o *Video Computer System* nos Estados Unidos em 1977, renomeado depois como Atari 2600. Esse console de videogame continha um controle e cartuchos de jogos proprietários, sinalizando um importante passo para a formação da indústria capitalista de jogos eletrônicos. O videogame chegaria a vender 30 milhões de unidades.[53] Um ano mais tarde, o clássico *Space Invaders* foi lançado no Japão. O jogo se tornou tão popular que causou escassez de moedas de 100 ienes, já que elas eram usadas para jogar nas máquinas de fliperama. Os jogos eletrônicos tornaram-se tão populares que não somente mostraram quanto lucro poderiam produzir, mas afetaram também a circulação de moedas! No mesmo ano, *Spa-*

---

[53] "At Games to Launch Atari Flashback" 4 to Celebrate Atari's 40th Anniversary!" iReach, 12 nov. 2012. Disponível em: www.ireachcon tent.com/news-releases/atgames-to-launch-atari-fl ashback-4- to-cele brate-ataris-40th-anniversary-178903531.html?c=y.

ce Invaders invadiu os Estados Unidos com 60 mil máquinas de fliperama.

Na mesma época, Rob Trubshaw e Richard Bartle criaram o *multi-user dungeon* (ou MUD), um jogo de aventura com interface em texto. Novamente, assim como os primeiros *hackers*, eles o desenvolveram durante o seu tempo livre, usando o laboratório computacional da Universidade de Essex durante a noite. Apesar de não trabalhar no *mainframe* militar, Bartle usou computadores da British Petroleum. Como Bartle explicou, "como uma forma de pedir desculpas por encher o ar com fumaças tóxicas eles deixavam as escolas locais usarem seus computadores".[54] Esse jogo pioneiro em formato *multiplayer online* permitia que os usuários logassem simultaneamente e embarcassem em uma jornada estilo *Dungeons & Dragons*. Para isso, eles precisavam hackear o computador, "usando um espaço de memória no qual eles não deveriam estar programando".[55] Bartle e Trubshaw nunca foram atrás do direito autoral do jogo, em vez disso distribuíram e incentivaram novas versões modificadas. Esse precursor dos jogos *online*, que poderia ter sido muito lucrativo, foi desenvolvido com intenções bem distintas. Para Bartle, o "MUD era uma afirmação política, nós construímos um mundo onde as pessoas poderiam participar e eliminar o que as estavam segurando para trás".[56]

A Atari lançou seu jogo de maior sucesso, *Asteroids*, em 1979. Cerca de 1 bilhão de dólares em moedas foi colocado em

---

[54] Keith Stuart, "Richard Bartle: We Invented Multiplayer Games as a Political Gesture", *Guardian*, 17 nov. 2014. Disponível em: www.theguardian.com/technology/2014/nov/17/richard-bartle-multiplayer-games-political-gesture.

[55] Citado em Stuart, "Richard Bartle".

[56] Citado em Stuart, "Richard Bartle".

suas máquinas de fliperama somente em um ano. No Japão, a Namco lançou *Pac-Man* em 1980, que faturou por volta de 2 bilhões de dólares.[57] Essas duas máquinas de fliperama fizeram uma enorme quantidade de jogadores explodirem asteroides e tomarem pílulas enquanto fugiam de fantasmas. Se nós fossemos ajustar para valores de hoje, esses dois jogos juntos faturaram cerca de 6 bilhões de dólares. Jogos eletrônicos tinham se tornado, claramente, uma enorme fonte de lucro, pago em moedas enquanto outros jogadores esperavam sua vez. Isso foi seguido por personagens que se tornariam figuras famosas na história do videogame: *Donkey Kong*, da Nintendo, também apresentava um homem que saltava, que seria mais tarde batizado como Mario.[58]

Depois desses lucros crescentes, houve uma grande crise em 1983. Havia uma crise crescente na indústria dos jogos eletrônicos nos Estados Unidos, e subitamente eclodiu de uma vez. Uma "mistura de gestores incompetentes, trabalhadores descontentes, superprodução e a explosão da pirataria desenfreada".[59] A ausência do que hoje é chamado de "gestão de direitos digitais" permitiu que as empresas fizessem jogos demais – que Daniel Joseph notou: "marxistas descreveriam isso como uma crise de superprodução".[60] A Atari tinha ficado abaixo dos lu-

---

[57] Stephen Kline, Nick Dyer-Witheford e Greig de Peuter, *Digital Play: The Interaction of Technology, Culture, and Marketing*. Montreal e Kingston: McGill-Queen's University Press, 2003, 96.

[58] "Video Game History Timeline".

[59] Dyer-Witheford and de Peuter, Games of Empire, 13.

[60] Daniel Joseph, "Code of Conduct: Platforms Are Taking over Capitalism, but Code Convenes Class Struggle as Well as Control", Real Life, 12 abr. 2017. Disponível em: http://reallifemag.com/code-of-conduct.

cros projetados, os valores de suas ações caíram rapidamente, e "abruptamente entrou em processo de falência, e levou consigo toda a indústria que tinha ascendido junto com ela".[61] Tal fato iniciou a primeira crise da indústria do videogame. Enquanto as receitas atingiram cerca de 3,2 bilhões de dólares em 1983, elas cairiam para apenas 100 milhões em 1985, uma queda vertiginosa de 97%.[62]

Em um momento bizarro, isso fez com que a Atari enterrasse 700 mil cartuchos de videogame no deserto do Novo México. A Atari tinha fechado um acordo com a Warner Communications para fazer uma adaptação do filme *E.T. o extraterrestre* para um jogo de videogame, que, por inúmeras razões, tinha de ser desenvolvido em cinco semanas para poder ser lançado a tempo para as festas de fim de ano. O resultado é que o jogo foi, provavelmente, o pior já feito. A Atari produziu 5 milhões de cartuchos, e apenas 1,5 milhões foram vendidos. A solução então foi encher caminhões de carga com os cartuchos, levá-los até um aterro, e enterrá-los. Há relatos de que alguns acabaram chegando às mãos de crianças locais que ouviram falar do despejo. Depois disso, uma camada de concreto foi colocada por cima do aterro. A história se tornou uma lenda urbana, com os detalhes sendo aumentados ao longo do tempo. Foi, mais tarde, contada no documentário *Atari: Game Over*, de 2014, que elabora a escavação dos cartuchos e traz a história à tona, literalmente, de dentro da tumba.[63]

---

[61] Dyer-Witheford and de Peuter, Games of Empire, 13.

[62] Mary Aitken, *The Cyber Effect: A Pioneering Cyberpsychologist Explains How Human Behaviour Changes Online*. Londres: John Murray, 2016.

[63] Drew Robarge, "From Landfill to Smithsonian Collections: 'E.T. the Extra-Terrestrial' Atari 2600 Game", *Smithsonian*, 15 dez.

O enterro se tornou um símbolo da indústria dos jogos eletrônicos na época, que muitos acreditavam que não seria mais viável por causa da falência das empresas estadunidenses. Entretanto, a indústria japonesa de jogos eletrônicos continuava a crescer. Nos anos 1980, desembocou no que ficou conhecido como "Copa Japonesa de Videogame" e "despertou um pânico protecionista entre os capitalistas estadunidenses".[64] Em vez de estar na competição entre Estados Unidos e Japão, a Nintendo estava competindo com outra empresa japonesa, a Sega, e por isso elas se enfrentaram com consoles e personagens rivais – particularmente Mario e Sonic. Mais tarde a Sony, uma empresa japonesa muito maior, também entraria em cena.[65]

Esse crescimento dos jogos eletrônicos japoneses também está ligado ao complexo industrial-militar. A ironia é que o Japão, derrotado pelos militares e pela força nuclear estadunidense, mais tarde "destacou-se em adotar as vitórias das inovações tecno-culturais".[66] A direção das políticas estatais no Japão levou a uma reconstrução pós-industrial depois da Segunda Guerra, estabelecendo as bases tecnológicas para a indústria dos videogames. (Isso é análogo, em parte, à experiência posterior da Coreia do Sul com jogos *online*).[67] Enquanto o complexo industrial-militar permaneceu como uma peça-chave para o desenvolvimento de jogos eletrônicos japoneses, também havia um elemento subversivo incrustado na sua indústria. Diferen-

---

2014. Disponível em: http://americanhistory.si.edu/blog/landfi ll-smithsonian-collections-et-extra-terrestrial-atari-2600-game.

[64] Dyer-Witheford and de Peuter, *Games of Empire*, 14.

[65] Dyer-Witheford and de Peuter, *Games of Empire*, 14.

[66] Dyer-Witheford and de Peuter, *Games of Empire*, 15.

[67] Dal Yong Jin, *Korea's Online Gaming Empire*. Cambridge, MA: MIT Press, 2010.

temente da cultura *hacker* nos Estados Unidos, a indústria japonesa "absorveu os talentos dos mangás", praticantes do formato de quadrinhos japoneses que estavam, no processo, "mudando de uma mídia anti para uma pró-sistema".[68]

O grande sucesso veio com o lançamento do Famicom, pela Nintendo, em 1983 no Japão. Para os demais mercados foi renomeado como Nintendo Entertainment System, ou NES, um videogame que muitas pessoas têm como recordação e guardam como lembrança – tanto que uma versão contemporânea, a Nintendo Classic Mini Entertainment System, foi lançada para capitalizar essa nostalgia. O videogame original foi um enorme sucesso, vendendo quase 62 milhões de unidades.[69] A Nintendo inseriu um sistema de verificação interno, fazendo com que apenas os jogos aprovados pela empresa pudessem funcionar no console de videogame. Esse "método levou a uma base de trabalho essencial para as plataformas hoje: o controle sobre o código.[70] Com essa forma de controle, a Nintendo transformava os jogos eletrônicos de um fardo para uma indústria novamente".

A Nintendo lançou *The Legend of Zelda* em 1987, que novamente tornou-se um enorme sucesso. Um ano depois um jogo de multiplataforma, *John Madden Football*, foi lançado, o primeiro do que se tornaria uma série longa de uma franquia de jogos de esporte. Depois, em 1989, a Nintendo introduziria um novo tipo de *hardware* de videogame com o lançamento

---

[68] Dyer-Witheford and de Peuter, *Games of Empire*, 16.

[69] Nintendo, "Historical Data: Consolidated Sales Transition by Region", 26 out. 2017. Disponível em: https://web.archive.org/web/20171026163943/https://www.nintendo.co.jp/ir/finance/historical_data/xls/consolidated_sales_e1703.xlsx.

[70] Joseph, "Code of Conduct".

do portátil Game Boy, que vendeu 64 milhões de unidades, e com o lançamento do Game Boy Color em 1998 (já quando os resultados das vendas só eram divulgados em conjunto), houve uma venda de quase 120 milhões de unidades.[71] O Game Boy original vinha com o jogo *Tetris* incluído, o jogo eletrônico de maior sucesso ao ser lançado, com uma estimativa de 170 milhões de unidades vendidas.[72] O jogo foi criado originalmente por Alexey Pajitnov e vazado para fora da União Soviética – um irônico sucesso, considerando que veio do lado derrotado da Guerra Fria. O mesmo código viajou uma longa distância até as escadas da casa da família do meu amigo para que eu pudesse jogá-lo.

Outro jogo de raciocínio de sucesso, *Solitaire*, vinha instalado no Windows 3.0 em 1990, criando milhões de novos jogadores, muito dos quais nunca haviam jogado jogos em consoles. Nos escritórios do mundo todo, pessoas achavam um escape para o tédio do trabalho diário. Enquanto videogames e computadores estavam se tornando um item doméstico popular, esse jogo alcançou um público completamente novo.

O passo seguinte da batalha entre Sega e Nintendo começou com o lançamento do Mega Drive/Genesis, estrelando *Sonic the Hedgehog*. O videogame chegou a vender 30 milhões de unidades.[73] Foi seguido pelo Super Nintendo Entertainment System (SNES), que vendeu quase 50 milhões de unidades.[74] Esse também foi relançado com uma versão contemporânea (e

---

[71] Nintendo, "Historical Data".

[72] Mily Gera, "This Is How Tetris Wants You to Celebrate for Its 30th Anniversary", *Polygon*, 21 mai. 2014. Disponível em: www.polygon. com/2014/5/21/5737488/tetris-turns-30-alexey-pajitnov.

[73] "Yearly Market Report", *Famitsu Weekly*, 21 jun. 1996.

[74] Nintendo, "Historical Data".

também extensa): Nintendo Classic Mini Super Nintendo Entertainment System, que permite que jogadores nostálgicos joguem clássicos de 16 *bits*, como *Star Fox 2, F-Zero, Street Fighter II Turbo, Super Mario World, Super Mario Kart* e *The Legend of Zelda: A Link to the Past* nos televisores modernos de tela plana.

Além dos videogames, uma quantidade importante de títulos icônicos foi lançada para PC, incluindo *Dune II*, do Westwood Studios, o primeiro jogo popular de estratégia em tempo real, e *Warcraft: Orcs & Humans*, da Blizzard, que iniciou uma série longa e de enorme sucesso.[75] A Sony lançou o PlayStation, que chegou a vender 102 milhões de unidades,[76] enquanto o Nintendo 64 vendeu quase 33 milhões.[77] No ano de 1993 foi lançado o infame *Mortal Kombat*, iniciando a controvérsia sobre jogos eletrônicos violentos. Joe Biden, entre outros, iniciaram uma cruzada contra os jogos eletrônicos, fazendo deles o bode expiatório da violência na sociedade estadunidense (curiosamente, a cruzada ignorou a conexão entre jogos eletrônicos e o complexo industrial-militar dos Estados Unidos, preferindo focar na representação da violência dentro deles). As queixas sobre violência nos jogos eletrônicos chegou ao Senado, e houve a introdução de classificação de faixas etárias. No mesmo ano *Doom* foi lançado, popularizando os jogos de tiro em primeira pessoa.[78] Assim, enquanto a indústria começava uma fase de

---

[75] "Video Game History Timeline".

[76] Sony Computer Entertainment, "PlayStation Cumulative Production Shipments of Hardware", 24 mai. 2011. Disponível em: https://web.archive.org/web/20110524023857/http://www.scei.co.jp/corporate/data/bizdataps_e.html.

[77] Nintendo, "Historical Data".

[78] "Video Game History Timeline".

grande expansão, principalmente com videogames e PCs, o papel dos militares caía para segundo plano.

Em 1996, *Tomb Raider* foi lançado. Com a personagem Lara Croft estrelando como protagonista, iniciou-se um debate sobre a questão de gênero nos jogos eletrônicos. Dyer-Witheford e de Peuter mostram que em meados dos anos 1990 "80% dos jogadores eram homens ou meninos", segundo eles esse resultado era consequência de diversos fatores:

> As origens militares das simulações, a cultura monástica *hacker*, a experiência do *bad-boy* do fliperama, o nicho de mercado da testosterona, desenvolvedores contratando jogadores experientes (maioria homens), investidores avessos ao risco produzindo jogos de fórmula de sucesso comprovadas, como os de tiro, luta, esportes e corridas – tudo combinado para criar uma cultura autorreplicante nas quais as políticas sexuais eram codificadas em todos os Game Boy portáteis, em todo *Duke Nukem* com duplo sentido, em todas as garotas de eventos das feiras e conferências, onde as mulheres apareciam somente como princesas indefesas e fêmeas em perigo, um macho chefe de programação construindo e consolidando a estratificação de gênero no trabalho intelectual.[79]

Isso moldou os tipos de jogos que eram desenvolvidos, financiados e fabricados, que, de certa forma, afetou a demografia dos jogadores, que, novamente, determinou o que seria considerado um jogo popular. É um processo de autorreforço que continua nos dias de hoje.

No final dos anos 1990, aconteceram dois eventos interessantes. O primeiro foi que o supercomputador Deep Blue, da IBM, venceu o campeão mundial de xadrez Garry Kasparov. Foi

---

[79] Dyer-Witheford and de Peuter, Games of Empire, 20.

o ponto culminante final do trabalho inicial de Shannon em programação e xadrez – que, nesse ponto, já tinha ido bem além do "sem nenhuma importância prática". O segundo evento foi o lançamento do *EverQuest*, da Sony Online Entertainment. Um jogo de RPG *online* em que centenas de milhares de jogadores se encontravam para um jogo cooperativo e competitivo. O seu sucesso sinalizou o início da difusão dos jogos eletrônicos *online*, um fenômeno que continua a crescer até hoje.

O novo milênio viu a Sega abandonar o mercado de fabricação de consoles de videogame pelo sucesso do PlayStation 2, da Sony, com um número estimado de vendas de 155 milhões de unidades até 2012.[80] A Nintendo lançou o GameCube, que vendeu 22 milhões de unidades. O mercado dos videogames portáteis continuou a crescer, com o Game Boy Advance vendendo 82 milhões de unidades e o Nintendo DS, a vasta quantidade de 154 milhões de unidades.[81] O rival da Sony, o PlayStation Portable, também foi um enorme sucesso, vendendo 82 milhões de unidades.[82] Depois do domínio das empresas japonesas já consolidadas, uma empresa estadunidense reentrou no mercado em 2001. A Microsoft, que não era, obviamente, uma competidora pequena, passou do PC para os videogames, lançando

---

[80] Sony Computer Entertainment, "PlayStation 2 Worldwide Hardware Unit Sales", 1º nov. 2013. Disponível em: https://web.archive.org/web/20131101120621/http://www.scei.co.jp/corporate/data/bizdataps2_sale_e.html.

[81] Nintendo, "Historical Data".

[82] Colin Moriarty, "Vita Sales Are Picking Up Thanks to PS4 Remote Play", IGN, 17 nov. 2014. Disponível em: http://uk.ign.com/articles/2014/11/17/vita-sales-are-picking-up-thanks-to-ps4-remote-play.

o Xbox. O console vendeu 24 milhões de unidades.[83] Seu principal jogo, *Halo: Combat Evolved*, se tornou um enorme sucesso, incentivando o desenvolvimento de vários jogos de tiro em primeira pessoa. Quatro anos mais tarde, a Microsoft lançou o Xbox 360, que vendeu 84 milhões de unidades.[84] Eu tive o Xbox original e o Xbox 360, ambos me trazem muitas memórias. Entretanto, apesar do vasto controle das corporações nesse estágio, eu também me lembro de uma comunidade muito ativa de *modes* (jogos modificados) e de consoles destravados (que possuíam um *chip* de *hardware* extra inserido dentro deles) que permitiam jogar jogos piratas (cópias de jogos inseridos em outro disco – isso só era permitido se você possuísse o jogo original, mas as pessoas davam um jeito de driblar). A ética *hacker* não havia ido embora definitivamente.

A importância dos jogos de tiro em primeira pessoa continuou em jogos como *Call of Duty*, *BioShock* e *Borderlands*.[85] O console da Sony para essa geração de videogames, o PlayStation 3, foi lançado em 2006. Suas vendas foram um pouco abaixo de 84 milhões de unidades, perdendo ligeiramente para a Microsoft.[86] A Nintendo fez sua aposta para essa geração

---

[83] Xbox.com, "Gamers Catch Their Breath as Xbox 360 e Xbox Live Reinvent Next-Generation Gaming", 10 mai. 2006. Disponível em: https://web.archive.org/web/20070709062832/http://www.xbox.com/zh-SG/community/news/2006/20060510.htm.

[84] Eddie Makuch, "E3 2014: $399 Xbox One Out Now, Xbox 360 Sales Rise to 84 million", GameSpot, 9 jun. 2014. Disponível em: https://web.archive.org/web/20141013194652/http://www.gamespot.com/articles/e3-2014-399-xbox-one-out-now-xbox-360-sales-rise-to-84-million/1100-6420231/.

[85] "Video Game History Timeline".

[86] Sony Computer Entertainment, "Q4 FY2014 Consolidated Financial

com o Wii em 2006, que focou no uso dos controles sensíveis ao movimento. O videogame foi direcionado para jogadores não tradicionais e visto como uma forma mais ativa de se jogar jogos eletrônicos. Vendeu um grande número de unidades: 102 milhões.[87]

Os militares estadunidenses mais uma vez fizeram uma importante incursão nos jogos eletrônicos. Apesar de serem relegados ao segundo plano, eles desenvolveram em 2002, o *America's Army* como ferramenta de recrutamento. Em vez de manter a prioridade militar anterior de criar estratégias para a guerra em si, esse produto era mais para ver o quanto soldados em potencial podiam ser atingidos com o uso de jogos eletrônicos, o que mostrava quão popular os jogos tinham se tornado. Enquanto isso, jogos de simulação, como *The Sims*, estavam se tornando bem populares, tendo como base o sucesso de *Utopia, Populous, Civilization* e *SimCity*.[88] A Valve, editora do inspirador *Half-Life*, lançou sua distribuição *online* pelo Steam em 2003. Essa mudança construída com o sucesso da modificação (*mod*) do *Half-Life* para o *Counter-Strike,* uma série que até hoje continua sendo um esporte incrivelmente popular – disputada em campeonatos profissionais de videogame. A importância das modificações, retomando os tempos iniciais dos jogos hackeados, continua a crescer. Essa forma de cocriação entre jogadores (ou amadores) e programadores do jogo foi iniciada com o lançamento do *World of Warcraft*, um jogo de MMO (*massively multiplayer online*) imensamente popular que

---

Results Forecast (Three Months Ended March 31, 2015)". 30 abr. 2015. Disponível em: www.sony.net/SonyInfo/IR/financial/fr/14q4_sonypre.pdf.

[87] Nintendo, "Historical Data".

[88] "Video Game History Timeline".

necessitava que os jogadores pagassem um valor mensal para jogar e chegou a atingir 10 milhões de inscritos. Já para o fim da década, jogos mais casuais, como *Farmville* e *Angry Birds*, também se tornaram populares, alcançando milhões de jogadores via Facebook e *smartphones*.[89]

A década de 2010 registrou um aumento da competição entre os dois principais videogames de topo, o PS4 e o Xbox One, com a Sony disputando com a Microsoft. O resultado, dessa vez, foi que o PS4 superou as vendas do Xbox One numa proporção de dois para um. Apesar disso, o Xbox One foi ainda um videogame de sucesso (embora possa ser uma opinião pessoal, já que eu comprei Xbox One logo no início, no seu lançamento). Ficou mais difícil de analisar essa competição entre as empresas pelo domínio do mercado assim que elas pararam de divulgar os números relativos às vendas de videogames, da mesma forma que terminaram esses ciclos geracionais de consoles que marcaram as épocas dos videogames anteriores. Existe agora uma geração intermediária de aprimoramentos de *hardware* com o PS4 Pro e o Xbox One X. Isso aconteceu no passado – por exemplo, com a expansão de CD para o Mega Drive ou o pacote de expansão para o Nintendo 64 – mas estes aprimoravam os consoles, em vez de introduzir novas (e mais caras) versões. Para a Microsoft e a Sony, a parte mais lucrativa do ciclo do videogame são os estágios medianos e finais, então as novas adições são uma tentativa de maximizar esse fenômeno. A Nintendo lançou o Wii U, que vendeu 14 milhões de unidades, pouco em comparação ao Handheld 3D, que vendeu 53 milhões.[90] O Switch, um híbrido

---

[89] "Video Game History Timeline".

[90] Nintendo, "Historical Data".

entre um console de videogame e um portátil, lançado posteriormente, vendeu 18 milhões de unidades em apenas um ano.[91]

Quando essa batalha entre videogames se acirrou, os jogos de PC entraram em uma nova fase. O jogo desenvolvido independentemente (*indie*) *Minecraft* vendeu a espantosa quantidade de 144 milhões de cópias (entre as diversas plataformas, com o auge de 74 milhões de jogadores mensais), e seus direitos foram comprados pela Microsoft por 2,5 bilhões de dólares.[92] A plataforma de *crowdfunding* Kickstarter possibilitou uma nova forma dos desenvolvedores levantarem dinheiro para seus jogos, *hardwares* como o Oculus Rift de realidade virtual foram financiados dessa forma. Um número crescente de jogos – incluindo *Gone Home*, *The Last of Us* e *Papers, Please* – começaram a abordar a questão ética e temas mais maduros. Hoje, muitos jogos oferecem *regular downloadable content* (DLC), extensões e expansões do jogo por um custo adicional. Jogos de sucesso em massa, como *Dota 2*, *League of Legends*, *CrossFire*, *Clash of Clans* e *World of Tanks*, são desenvolvidos em um modelo livre para jogar, em que o jogo em si é oferecido de graça, mas o jogador pode comprar itens dele (e às vezes coisas como "aumento de experiência") por muito menos que o custo de um jogo regular, nas chamadas "microtransações". Esses jogos obtêm enormes receitas (às vezes muito maiores do que as daqueles com um custo fixo) e têm alterado o modelo de negócio dos jogos eletrônicos. Houve também um aumento de marcas

---

[91] "Dedicated Video Game Sales Units", Nintendo, 31 jan. 2018, Disponível em: www.nintendo.co.jp/ir/en/finance/hard_soft/index.html.

[92] Aernout, "Minecraft Sales Reach 144 Million Across all Platforms; 74 Million Monthly Players", Wccftech, 22 jan. 2018. Disponível em: https://wccftech.com/minecraft-sales-144-million/.

"*gamer*" de *hardware* de computador junto com o desenvolvimento do esporte eletrônico, como demonstrado pela iniciativa da Hewlett Packard com o lançamento da marca Omen com sua estética vermelha e preta. Em 2014, a Amazon pagou pouco menos de 1 bilhão de dólares para adquirir a Twitch, uma plataforma que permite transmitir ao vivo o seu jogo de videogame para milhões de outras pessoas.[93] Isso porque as pessoas não jogam mais videogame apenas, mas cada vez mais assistem aos outros jogarem também. As empresas estão sedentas por acessar esse novo público.

O escopo, a escala, as tecnologias, as receitas, o público e os números relativos aos jogos eletrônicos continuam a crescer. Enquanto escrevo a história dos jogos eletrônicos, é difícil saber quando parar. Quanto mais chegamos perto do momento presente, mais informações parece haver sobre os jogos, com mais títulos que parecem ser necessários abordar. Em vez de trazer a história até o atual momento, eu quero terminar este capítulo com um exemplo que resume o atual estágio dos jogos eletrônicos: *Fortnite*, que foi lançado em 2017 pela Epic Games e é um jogo de tiro híbrido. Apesar de não ser o principal jogo de batalha, se tornou de longe o de mais sucesso. O jogo é livre para jogar, e centenas de jogadores lutam, *online*, entre si após pular de um ônibus voador e cair em uma ilha. Estima-se que 135 milhões de pessoas já o jogaram, o mês de maior pico foi setembro de 2018 (78,3 milhões de jogadores), e 8,3 milhões ainda o jogam neste exato momento. O jogador gasta, em média, de seis a dez horas por semana com o jogo, e calcula-se que os jogadores já gastaram o total de 1 bilhão de dólares em itens

---

[93] Eugene Kim, "Amazon Buys Twitch for $970 Million in Cash", Business Insider, 25 ago. 2014. Disponível em: www.businessinsider.com/amazon-buys-twitch-2014-8.

do jogo.[94] Enquanto este não representa todos os jogos eletrônicos, o surgimento de *Fortnite* mostra como eles se tornaram um fenômeno de massa nos dias atuais.

---

[94] Craig Smith, "50 Interesting Fortnite Stats and Facts (novembro de 2018) by the Numbers", DMR, 17 nov. 2018. Disponível em: https://expandedramblings.com/index.php/fortnite-facts-and-statistics/.

A indústria dos jogos eletrônicos

Imagine que você está sentado em frente a um videogame. Normalmente você leva em conta os personagens e as animações na tela, onde seus membros da guilda já estão cadastrados, que missão jogar depois e assim por diante. Raramente nós levamos em conta o trabalho e a logística que nos permite vivenciar esse momento. Os jogos eletrônicos em si envolvem todo tipo de trabalho para serem fabricados: começando por conceito, roteiro, arte, missões, desafios, dinâmica *multiplayer*, e por aí vai. Esses trabalhadores empregam várias horas na preparação para o aguardado dia do lançamento – vale pensar em quem mantém esses trabalhadores alimentados, descansados e preparados para, a cada dia, voltarem prontos para uma longa jornada de trabalho. Há também pessoas que verificam se a geladeira está cheia e o escritório limpo, arrumando o local de trabalho para o dia seguinte.

Além do estúdio, os trabalhadores precisam criar atenção na mídia, propaganda e sinopses. Sem isso, você nunca ouviria falar do jogo que escolheu jogar, seu nome estaria perdido junto com os outros inúmeros títulos que são lançados a cada ano. No entanto, a decisão de comprar um jogo também envolve o modo de ele chegar a você, e de uma forma que você possa jogar. O console, os cabos, a tela, o controle e todo o resto têm de ser produzidos em algum lugar. É comum que eles sejam produzidos na China, um lugar bem distante de onde vários consumidores estão acostumados a ficar sentados enquanto jogam. E as partes que são produzidas e montadas por migrantes que viajam do interior até as cidades, deixando suas famílias e comunidades para trás. Muitos desses trabalhadores enfrentam condições severas e de exploração nas fábricas.

Você pode ter colocado um disco físico no console ou baixado o jogo por uma plataforma. De qualquer forma, o *hardware* precisa estar montado do jeito certo, no tempo correto, para estar pronto em sua casa. A produção dos equipamentos eletrônicos requer componentes e minerais raros de diversos países. Imagine a rede logística necessária para transportar isso de forma rápida e barata até você. Depois do *hardware* viajar por rodovias, trilhos, mar ou via aérea, você tem de comprar o console por você mesmo. No entanto, você pode adquiri-lo por uma empresa como a Amazon. Nesse caso, a decisão rapidamente circula dentro da operação logística da Amazon, mostrando o trabalhador mais próximo, com uma pulseira de GPS ligada, para ir até um de seus depósitos e pegar o console. Em menos de um dia – ou, em grandes cidades como Londres ou Nova York, em até menos de duas horas – esse pacote pode chegar à porta de sua casa. Ou o jogo eletrônico pode ser entregue pela sua conexão de internet, com todos os trabalhos necessários para manter a infraestrutura física e de *software* escondidos, o que faz o processo parecer tão simples.

Imagine novamente, você se senta em frente ao seu videogame para jogar um jogo. Sim, o seu próprio ato de jogar pode se tornar uma parte importante do jogo se você está jogando *online* – já que jogos *online* não são tão bacanas se você joga sozinho. Mas imagine que todas as pessoas que contribuíram com seu trabalho para que você usufrua desse momento estão sentadas com você também. Quantas pessoas seriam? Esse conceito, de que cada parte do processo do trabalho torna-se "congelado" (para usar um termo marxista) junto ao videogame, nos dá uma noção do quão complexa a produção atual de jogos eletrônicos se tornou.

Para entendermos isso, eu vou primeiro examinar o papel da indústria de jogos eletrônicos como um todo. Enquanto o trabalho dos desenvolvedores de jogos nos estúdios é evidentemente crucial para entendê-la, ele só pode ser realmente compreendido se considerado dentro das cadeias produtivas e da rede capitalista. Nós podemos pensar nesse trabalho de desenvolvimento como uma forma de trabalho intelectual, definido como "o trabalhador que produz o conteúdo informacional e cultural da mercadoria".[95] Ele é menos material do que as formas anteriores de trabalho manual, como a montagem das mercadorias em uma fábrica (apesar de trabalhar em frente a um computador ainda requerer algum requisito físico). Essa conexão mais ampla com outras formas de trabalho mostra como a indústria dos jogos eletrônicos abrange muito mais facetas da vida contemporânea do que apenas jogar. Nick Dyer-Witheford definiu essa transformação da composição global de classe com o conceito do emergente ciberproletariado "pegando as ideias dos pensadores cibernéticos como um guia de como os computadores em geral têm mudado o processo tecnológico do capital".[96] O ciberproletariado abrange desde os operadores de *telemarketing*, mineradores do Hemisfério Sul, até as *dagongmei*[97] (trabalhadoras mulheres migrantes) nas fábricas chine-

---

[95] The Videogames Industry Maurizio Lazzarato, "Immaterial Labour", em: *Radical Thought in Italy*, Paolo Virno e Michael Hardt (editores). Minneapolis: University of Minnesota Press, 1996.

[96] Nick Dyer-Witheford, *Cyber-Proletariat: Global Labour in the Digital Vortex*. Londres: Pluto, 2015, 42.

[97] N. da E.: *dagongmei* é um termo utilizado para se referir às jovens

sas. Eu posteriormente vou me aprofundar nos estúdios e nos desenvolvedores de jogos, mas por hora esta discussão começa com uma visão muito mais ampla para entender o papel da indústria dos jogos eletrônicos dentro do capitalismo.

A escala da indústria

A escala da indústria contemporânea de jogos eletrônicos é frequentemente elogiada na mídia. Pode ser difícil determinar os detalhes exatos, particularmente porque os principais dados vêm das empresas, que têm interesse em superestimar os números. Um exemplo é a SuperData.[98] Eles oferecem análises e relatórios para a indústria, não, obviamente, com o propósito de uma análise neutra, mas para obter lucro. Se você quer acessar todos os relatórios atuais da SuperData, isso vai lhe custar quase 20 mil dólares. Como o esperado eu decidi não comprá-los. O problema dessa metodologia é que não é possível fazer uma avaliação independente do trabalho deles, uma porque eles não deixam público seus métodos de pesquisa, outra porque custa muito dinheiro acessar seus trabalhos. Apesar disso, é interessante examinar as análises que eles estão fazendo, pois nos dá um senso da dinâmica dessa indústria. Mesmo que esses dados não sejam tão bem acurados, eles são, contudo, comprados e vendidos, influenciando decisões de diferentes empresas. Então, mesmo que os dados não sejam necessariamente "verdadeiros", eles têm um impacto real no mundo.

---

mulheres da zona rural chinesa que migram para as cidades para realizar trabalhos em linhas de montagem, especialmente da indústria eletrônica.

[98] SuperData, "2017 Year in Review: Digital Games and Interactive Media". SuperData Research Holdings, 2018.

Em 2018, o destaque da análise da SuperData para o ano anterior foi que o entretenimento interativo gerou receitas de 108,4 bilhões de dólares. Nesse escopo estão presentes dois segmentos: jogos digitais e mídia interativa. A receita de jogos digitais chegou a 59,2 bilhões para celulares, 33 bilhões para PC (somando a compra de jogos como itens comprados em jogos livres) e 8,3 bilhões para consoles de videogame. Mídia interativa, o menor segmento, acarretou 76 milhões com esportes eletrônicos, 3,3 bilhões com conteúdo de vídeo de jogos e 4 bilhões com realidade virtual. O relatório afirma que uma em três pessoas no mundo (por volta de 2,5 bilhões de pessoas) joga ao menos algum jogo gratuito em alguma das plataformas existentes. Os autores afirmam que um dos destaques de 2017 foi o lançamento do *PlayerUnknown's Battlegrounds*, que arrecadou 712 milhões de dólares em oito meses, abrindo espaço para o *Fortnite*. Não é só o ato de jogar o que traz receitas, mas também o fato de as pessoas assistirem a outras jogarem competitivamente, o que chegou a 258 milhões de espectadores. Esportes eletrônicos geraram 756 milhões de dólares em receitas, e a expectativa é que cresça para 1 bilhão em 2018.[99]

Esses números em destaque são obviamente muito, muito grandes. Eles mostram como a indústria dos jogos eletrônicos está crescendo e amadurecendo, com enormes lucros a serem feitos. O modelo de negócios de várias empresas tem mudado junto com a indústria, particularmente com o domínio do modelo dos jogos gratuitos. Por exemplo, jogos gratuitos geraram 46 bilhões de dólares na Ásia, 13,1 bilhões na América do Norte e 10,9 bilhões na Europa. Os jogos gratuitos para PC correspondem a 69% da receita de 33 bilhões de dólares para esta plataforma. Os três principais jogos foram *League of Le-*

---

[99] SuperData, "Year in Review", 5.

gends, da Riot Games/Tencent (2,1 bilhões em receitas), *Dungeon Fighter Online*, da Nexon/Tencent (1,6 bilhões) e *CrossFire*, da Smilegate/Tencent (1,4 bilhões). Todos esses três jogos são propriedade parcial da empresa chinesa Tencent, que tem participação em cinco dos dez principais jogos. O primeiro, *League of Legends*, é livre para baixar, fazendo dinheiro com a compra de itens opcionais.[100]

Por outro lado, o "mercado principal do PC" (jogos que não são gratuitos) obteve significativamente menos receita. Por exemplo, em 2017 o total de receita desse mercado na Ásia foi de 0,3 bilhões de dólares, na América do Norte, de 2,2 bilhões, e na Europa, de 3 bilhões. Os três principais jogos incluem *PlayerUnknown's Battleground* (714 milhões de dólares – equivalente a 12% da receita de todos os jogos não gratuitos), o *Overwatch*, da Activision Blizzard (382 milhões) e o *Counter-Strike: Global Offensive*, da Valve (314 milhões). Esses jogos estão fazendo bem menos receitas do que aqueles que – teoricamente – podem ser jogados de graça.

Além do mercado para PC, o de videogame continua importante. Tinha um valor global de 8,3 bilhões de dólares, com a Ásia correspondendo a 0,2 bilhões, a América do Norte a 4,2 bilhões e a Europa a 3,1 bilhões. Os três principais jogos aqui foram *Grand Theft Auto V*, da Rockstar (521 milhões), *Call of Duty: WWII*, da Activision Blizzard (502 milhões) e FIFA 17, da EA (409 milhões).[101] Tal forma de consumo necessita da compra de um console de videogame e, como nós mostramos anteriormente, envolve a disputa entre duas grandes empresas, como a Sony e a Microsoft.

---

[100] SuperData, "Year in Review", 9-10.

[101] SuperData, "Year in Review", 13.

Junto com os *smartphones*, PCs e consoles de videogame, o consumo de conteúdo de jogos eletrônicos está também ocorrendo de novas formas. Plataformas como Twitch e YouTube estão proporcionando meios das pessoas assistirem a outras jogando (*transmissão*), e estão começando a ser monetizados. Por exemplo, a Twitch concentra 54% de toda a renda de 1,7 bilhões de dólares com conteúdo de jogos eletrônicos. O YouTube conta com 22% (0,7 bilhões), mas continua competindo. Esse crescimento da transmissão de jogos é também, em parte, devido ao crescimento dos esportes eletrônicos.[102]

Enquanto esses dados mostram o escopo global da indústria de jogos eletrônicos, também vale prestar atenção em como isso se relaciona com os contextos nacionais. O maior mercado de jogos eletrônicos é a China, seguido pelos Estados Unidos, Japão, Alemanha e Reino Unido. O mercado para jogos eletrônicos nos Estados Unidos é enorme, com vendas superiores a 24,5 bilhões de dólares em 2016. A última pesquisa, em 2015, mostrou que havia 2.457 empresas de jogos eletrônicos nos Estados Unidos, com 2.858 imóveis espalhados em todos os estados. A indústria emprega diretamente por volta de 65 mil pessoas, com metade desses postos de trabalho localizados na Califórnia, enquanto sustenta outros 220 mil de forma indireta.[103]

O papel do Reino Unido permanece menor, mas, mesmo assim, é uma parte-chave da indústria. De acordo com a Ukie (associação de classe da indústria de entretenimento e de jogos no Reino Unido) estima-se que 32,4 milhões de pessoas joguem jogos eletrônicos no Reino Unido.[104] Em 2018, havia 2.261 em-

---

[102] SuperData, "Year in Review", 19.

[103] Stephen E. Siwek, "Video Games in the 21st Century", Entertainment Software Association, 2017.

[104] Ukie, "The Games Industry in Numbers", Ukie. Disponível em:

presas de jogos eletrônicos ativas que estavam atuando no país. O Reino Unido também pode alegar um número de recente sucesso. Por exemplo, o *Grand Theft Auto v*, desenvolvido pela britânica Rockstar North, é "o produto de mídia mais bem-sucedido financeiramente de todos os tempos, vendendo mais de 90 milhões de unidades ao redor do mundo e gerando mais de 6 bilhões de dólares em receita global". Além disso, é "o produto de entretenimento vendido mais rapidamente em todos os tempos, arrecadando 1 bilhão de dólares em vendas globais em apenas três dias, e o jogo mais vendido de todos os tempos no Reino Unido, gerando mais de 240 milhões de libras das mais de 6 milhões de vendas de cópias físicas do jogo – ou aproximadamente 3,5 vendas por minuto". A Rockstar North, que começou como DMA Design Limited, tem sede em Edimburgo. O Reino Unido é também a sede da Rocksteady Studios, desenvolvedora do *Batman: Arkham Knight*, que recebeu inúmeros prêmios e também obteve as vendas mais rápidas dentre os jogos eletrônicos de 2015. O jogo para *smartphone Monument Valley* foi desenvolvido pela Ustwo Games, uma desenvolvedora *indie* britânica. Dois anos após seu lançamento, já tinha sido baixado 26 milhões de vezes e vencido vinte prêmios.[105]

A indústria dos jogos eletrônicos, assim como em todo lugar, cresceu rapidamente no Reino Unido. De 2016 a 2017, o gasto em jogos aumentou em 12,4%, com uma estimativa de 5,11 bilhões de libras. Destes, o mercado de *software* tinha um valor de 3,56 bilhões de libras, enquanto o restante correspondia ao mercado de *hardware* (1,43 bilhões) e o mercado cultural de jogos (117 milhões). Compare esses dados com o mercado audiovisual de 2,3 bilhões (o mercado de jogos eletrônicos é 1,65 vezes

---

http://ukie.org.uk/research.

[105] Ukie, "The Games Industry in Numbers".

maior) e da música de 1,3 bilhões (jogos eletrônicos: 2,9 vezes maior).[106] Os jogos eletrônicos consequentemente contemplam a maioria (51,3%) dos gastos com entretenimento no Reino Unido. Esse potencial – e vale ressaltar que essas estatísticas às vezes são exageradas – tem capturado a imaginação de vários atores, de investidores a governantes. Por exemplo, o político britânico Boris Johnson costuma escrever críticas mordazes aos jogos eletrônicos. Proeminente membro de direita do Partido Conservador no Reino Unido, ele é famoso por sua imagem bem trabalhada de um aristocrata bobalhão. Em um artigo para o jornal britânico de direita *Telegraph*, Johnson escreveu uma vez o seguinte sobre crianças que jogam videogame:

Eles tornam-se como lagartos pestanejantes, sem movimento, absorvidos, apenas os espasmos de suas mãos mostrando que ainda estão conscientes. Essas máquinas não os ensinam coisa alguma. Elas não estimulam nenhum raciocínio, descoberta ou trabalho de memória – alguns deles podem habilmente fingir-se como educacionais...

Então eu digo agora: pare de ficar aí deitado no seu estado lamentável de indiferença pós-Natal. Levante do sofá. Jogue fora o DVD da *Desesperate Housewives* e vá até onde suas crianças estão sentadas, em uma autolobotomia, na frente do videogame.

Reúna todas suas forças, toda a sua coragem. Prepare-se para gritos e arranque aquele fio da tomada. Se elas ainda criarem um rebuliço, pegue um martelo e arrebente o videogame de verdade.[107]

---

[106] Ukie, "The Games Industry in Numbers".

[107] Boris Johnson, "The Writing Is on the Wall – Computer Games Rot the Brain", *Telegraph*, 28 dez. 2006. Disponível em: www.telegraph.co.uk/comment/personal-view/3635699/The-writing-is-on-the-wall-computer-games-rot-the-brain.html.

Johnson é conhecido por esse tipo de fala hiperbólica – várias vezes com citações da literatura clássica e às vezes do latim. Esse conservadorismo está sendo espelhado nos Estados Unidos (embora sem referências à literatura clássica e ao latim), com políticos importantes se manifestando contra a violência degenerada dos videogames. Talvez o exemplo mais interessante seja o senador estadunidense Leland Yee, que é abertamente antivideogame (e particularmente contra jogos violentos), mas que foi preso por envolvimento em corrupção num esquema de contrabando de armas das Filipinas para os Estados Unidos.[108] O que é interessante sobre esses argumentos não é seu conteúdo (obviamente), mas o quão cínico e paternalistas eles são. Johnson afirmou que os jogos eram culpados pelas baixas notas em literatura, mas, em vez de surfar na onda do "jogos causam violência", ele defendeu o uso de violência física como resposta. No entanto, uma década mais tarde, Johnson (quando prefeito de Londres) mudou seu tom. Em 2016, ele discursou encorajando a indústria de jogos eletrônicos em Londres, junto com a disponibilização de formas de financiamento:

> Nós somos a sede de fantásticos estúdios de *software*, como State of Play e Sports Interactive, que fazem jogos de nível mundial, como o *Lumino City* e o *Football Manager*. Da Nasa ao NHS, *softwares* de jogos agora influenciam a maneira como cuidamos de nossa saúde, educamos nossas crianças, e mesmo como nós exploramos o espaço, mas a competição internacional continua voraz e nós precisamos garantir que nossa cidade possa competir com os ri-

---

[108] Tom Phillips, "Disgraced Senator Who Campaigned against Violent Video Games Jailed", *Eurogamer*, 25 fev. 2016. Disponível em: www.eurogamer.net/articles/2016-02-25-disgraced-senator-who-campaigned-against-violent-video-games-jailed.

vais mundiais. Game London será um programa de três anos que auxiliará o setor de jogos a crescer e a atrair mais investimento.[109]

Em vez de querer esmagar os videogames, Johnson enxerga agora um grande espectro de benefícios. Da mesma forma, numa reportagem recente sobre a indústria de jogos no Reino Unido, George Osborne (na época ministro do Tesouro e também membro do Partido Conservador) decretou que a indústria de jogos era "uma das maiores forças do Reino Unido" e que hoje é uma "época de ouro" para o setor criativo, que também inclui filmes, TVs de alta definição e programas de animação.[110] Essa mudança de tom, esses investimentos sérios, sinalizam uma importante mudança. Se nós pensarmos no início da indústria, os jogos eletrônicos certamente trilharam um longo caminho. Não são mais um assunto de especialista, mas algo que os representantes políticos das elites britânicas veem integrado ao capitalismo.

A indústria de jogos tem experimentado um crescimento significante nos anos recentes e a tendência é que continue assim. Não é surpresa, portanto, que o discurso dos conservadores seja sobre enaltecimento e investimento nessa indústria, particular-

---

[109] Quoted in Julian Benson, "10 Years Ago, Boris Johnson Held Games Responsible for 'Ignorance, Underachievement and Poverty'", *Kotaku*, 19 jan. 2016. Disponível em: www.kotaku.co.uk/2016/01/19/10-years-ago-borisjohnson-said-that-games-were-responsible-for-ignorance-underachievement-and-poverty.

[110] Olsberg-SPI and Nordicity, "Economic Contribution of the UK's Film, High-End TV, Video Game, and Animation Programming Sectors", fev. 2015. Disponível em: www.bfi.org.uk/education-research/film-industry-statistics-reports/reports/uk-film-economy/economic-contribution-uks-fi lm-sectors.

mente como o grande responsável de uma recuperação econômica que ainda é difícil prever se continuará. Isso apareceu em um momento em que a taxa de crescimento do Hemisfério Norte estava lenta devido às consequências da crise financeira de 2008. Em comparação com outros setores produtivos, não é nenhuma surpresa que a indústria dos jogos eletrônicos esteja sendo anunciada como um setor-chave da economia, o que resultou em diversas vantagens para o investidor, na forma de iniciativas como o programa Video Game Tax Relief,[111] que transferiu 119 milhões de libras para as empresas em mais de 420 créditos desde abril de 2014. Supostamente, esses recursos foram destinados a 295 empresas de jogos eletrônicos, apoiando por volta de 690 milhões de gastos no Reino Unido.[112] Além desses pagamentos diretos no Reino Unido, tem havido "um aumento de competição entre os governos desejando atrair estúdios desenvolvedores de jogos eletrônicos para sua jurisdição".[113] Isso resultou na proliferação de diferentes iniciativas, do ensino de programação em escolas a novos órgãos de financiamento, junto com aceleradores, incubadores e catapultas digitais (embora, na prática, não seja tão clara a diferença entre essas últimas três).

Enquanto a indústria já existe no Reino Unido ao menos desde os anos 1980, com suas raízes na "programação caseira", está agora numa posição de "liderança global, combinando arte

---

[111] O programa Video Games Tax Relief "permite que os empresas de jogos eletrônicos reivindiquem um reembolso em dinheiro ou isenção fiscal do governo depois de terem investido no desenvolvimento de um jogo". Veja "Video Games Tax Relief", Ukie. Disponível em: https://ukie.org.uk/a2f/VGTR.

[112] Ukie, "The Games Industry in Numbers".

[113] Olsberg-SPI and Nordicity, Economic Contribution of the UK's Film, 52.

e tecnologia para fornecer alguns dos jogos de mais sucessos da história".[114] Por exemplo, talvez o jogo mais caro produzido até hoje seja o *Grand Theft Auto v* (embora considerando as barreiras do NDA ou o acordo de não divulgação, nós não podemos saber com certeza). O desenvolvimento foi estimado em um custo de 137 milhões de dólares e envolveu 250 pessoas trabalhando por cinco anos. Foi dito que o orçamento era de 265 milhões somando a parte de desenvolvimento e *marketing*.[115] Esse orçamento é comparável ao de grandes filmes da indústria de cinema. Tendo números desse porte, é natural que a indústria dos jogos eletrônicos mereça atenção.

O papel da indústria dentro do capitalismo

Enquanto a escala dos números acima pode parecer expressiva, faz-se necessário ir além desses destaques para entender o papel que a indústria tem. Como Aphra Kerr explicou, "os jogos eletrônicos não podem ser compreendidos sem levar em conta o sistema econômico do capitalismo atual do qual eles emergem e a mudança política, social e o contexto cultural nos quais eles são produzidos".[116] Eu vou falar agora sobre o papel da indústria dos jogos eletrônicos no capitalis-

---

[114] Juan Mateos-Garcia, Hasan Bakhshi Mark Lenel, *A Map of the UK Games Industry*. Londres: Nesta, 2014, 6. Disponível em: https://www.nesta.org.uk/report/a-map-of-the-uk-games-industry/.

[115] Brendan Sinclair, "GTA v Dev Costs over $137 Million, Says Analyst", GamesIndustry.biz, 1º fev. 2013. Disponível em: www.gamesindustry.biz/articles/2013-02-01-gta-v-dev-costs-over-USD137-million-says-analyst.

[116] Aphra Kerr, *The Business and Culture of Digital Games: Gamework/Gameplay*. Londres: Sage, 2006, 4.

mo, no entanto, é importante lembrar que ela "é um exemplo de negócio global em que as organizações dominantes dividem uma orientação estratégica que vai além de qualquer afiliação territorial".[117] Isso significa que as maiores empresas de jogos eletrônicos funcionam além das divisas nacionais, combinando processos de trabalho pelo mundo para a maximização dos lucros. Então o *Grand Theft Auto v* pode ser referido como um jogo produzido na Inglaterra e também como um jogo *não* produzido na Inglaterra, com muito de sua produção inserida em uma cadeia produtiva e de relações que se espalham ao redor do mundo. Dentro dessa vasta rede está "uma concorrência complexa por obtenção de valor entre produtoras de videogames, editoras, estúdios de desenvolvimento e distribuidores".[118] No entanto, diferenças nacionais têm afetado o processo produtivo, como "indústrias nacionais onde o procedimento artesanal persiste [...] feito para um produto final superior". Isso mostra "a importância sustentável da variação dos locais de emprego e das práticas de trabalho".[119]

Parte do problema do foco em um contexto nacional é a pouca informação disponível sobre como as empresas estão realmente funcionando. Por exemplo, enquanto a indústria dos jogos eletrônicos é descrita como uma "parte altamente inovadora da economia criativa do Reino Unido", a realidade

---

[117] Graham Kirkpatrick, *Computer Games and the Social Imaginary*. Cambridge: Polity, 2013, 109.

[118] Paul Thompson, Rachel Parker, and Stephen Cox, "Labour and Asymmetric Power Relations in Global Value Chains: The Digital Entertainment Industries and Beyond", em *Putting Labour in its Place: Labour Process Analysis and Global Value Chains*. Kirsty Newsome, Phil Taylor, Jennifer Bair e Al Rainnie (editores). Londres: Palgrave, 2015, 57.

[119] Graeme Kirkpatrick, *Computer Games and the Social Imaginary*, 117.

é que "dados mais robustos sobre seu desempenho econômico e geográfico são difíceis de obter".[120] Isso, combinado com o *marketing* agressivo e a postura dos governos e das organizações empresariais, junto com a predominância da NDAS (que discutiremos mais tarde), torna difícil destrinchar qualquer dado atual. Essa dificuldade é somada à "natureza multifacetada" da indústria, em que muitas empresas ainda são pequenas, e à existência da "cultura generalizada de *start-ups*".[121]

No contexto do Reino Unido, apenas empresas com mais de cinquenta funcionários (ou em rotatividade) têm de fornecer relatórios sobre seus negócios, é por isso, por exemplo, que um relatório comercial específico só vai poder fornecer informação de apenas 6% das empresas.[122] Vale mais a pena procurar entender a indústria pela sua dinâmica, em vez de montar um quadro estatístico de como as empresas operam. O crescimento da indústria está ligado a uma mudança mais ampla da economia, principalmente o declínio do setor industrial e o aumento do setor de serviços do Hemisfério Norte. No Reino Unido e nos Estados Unidos, isso significa um grande aumento de serviços e logística, especialmente em áreas como varejo, *call centers* e entregas.

Como resultado, seguindo a desindustrialização e a crise financeira de 2008, a maior parte do crescimento do emprego tem sido em trabalhos informais e mal remunerados. A indústria de jogos eletrônicos, como qualquer outro setor digital ou criativo, é mais uma que está seguindo essa tendência. Entre-

---

[120] Mateos-Garcia, Bakhshi e Lenel, "A Map of the UK Games Industry", 4.

[121] Olsberg-SPI and Nordicity, "Economic Contribution of the UK's Film", 52.

[122] Mateos-Garcia, Bakhshi e Lenel, "A Map of the UK Games Industry", 16.

tanto, continua responsável por uma parte pequena dos empregos de forma geral. Por exemplo, em 2015, os empregos básicos da indústria dos jogos eletrônicos no Reino Unido eram representados por somente o equivalente a 12.100 empregos de tempo integral, e estavam distribuídos em 9.400 no desenvolvimento de jogos, 900 em publicação de jogos e 1.800 na distribuição de jogos. Esses papéis principais contribuíram com 755 milhões de libras diretamente no PIB da economia britânica e proporcionou, mais ou menos, o equivalente a 23.900 empregos de tempo integral.[123] Nos Estados Unidos houve uma taxa equivalente de crescimento em 2015, mas a indústria contribuiu com uma soma muito maior para o PIB – com estimativas de 11,7 bilhões de dólares.[124]

A indústria no Reino Unido é composta por três diferentes seguimentos: desenvolvimento, publicação e vendas; cada um tendo um papel diferente. O primeiro segmento é o de desenvolvimento, sem o qual não haveria jogos para serem publicados nem vendidos. Jogos são feitos em estúdios, que tanto podem ser independentes ou pertencentes a uma editora. O elo entre editoras e estúdios se tornou mais complexo, especialmente com o surgimento de fontes alternativas de financiamento, como o Kickstarter. Existem, de forma geral, aproximadamente 639,1 milhões de libras geradas pelo segmento de desenvolvimento no PIB de 2013, o que dá, em média, um total gerado de 68 mil libras por trabalhador. Apesar de ser uma média aproximada, nos dá uma ideia da margem de extração de mais-valia dos trabalhadores. Se a média salarial é menor

---

[123] Olsberg-SPI and Nordicity, "Economic Contribution of the UK's Film", 52.

[124] Stephen E. Siwek, "Video Games in the 21st Century", Entertainment Software Association, 2017.

do que o valor com que os trabalhadores estão contribuindo, as empresas estão, sem dúvida, ganhando muito dinheiro.

O segundo segmento, a publicação, é similar ao setor análogo da indústria de filmes e televisão. Os papéis tradicionais das editoras de jogos abrangem o financiamento, o *marketing* e a distribuição do jogo final, envolvendo uma série de níveis de controle entre editoras e desenvolvedores. O PIB do setor de publicação em 2013 foi estimado em aproximadamente 63,3 milhões de libras, uma média de 70 mil libras gerada por trabalhador. Por último, o setor de vendas abrange a venda do jogo finalizado. Tradicionalmente, abrange a venda de jogos físicos em lojas de varejo, mas está cada vez mais sendo substituída pela venda por plataformas digitais. O PIB do setor de vendas foi estimado em 53 milhões de libras, em média 30 mil por trabalhador.[125] Apesar da publicação e das vendas não envolverem a parte de criação do produto, elas são, apesar disso, cruciais para a concretização do valor da produção dos jogos eletrônicos (já que fazer algo não é a mesma coisa que fazer dinheiro – ainda é preciso que o jogo seja efetivamente vendido).

O entendimento desse tripé da indústria vem se tornando complicado com o surgimento de mais desenvolvedores independentes, muitos dos quais não trabalham com a parte de publicação nem de vendas. No entanto, o termo *"indie"* não tem uma definição clara, mas tende a envolver jogos que são

> [...] geralmente produzidos por pequenos grupos, se não por um único indivíduo, responsáveis pela concepção, desenvolvimento e lançamento do jogo. Da pré à pós-produção, o processo inteiro está nas mãos de uma ou de poucas pessoas que, como contrapar-

---

[125] Olsberg-SPI and Nordicity, "Economic Contribution of the UK's Film", 58.

tida por assumirem a responsabilidade de todo o ciclo produtivo, esperam receber todas as receitas resultantes das vendas e das propagandas nos jogos.[126]

Apesar da proliferação dos estúdios independentes, a indústria continua dominada por grandes empresas, como Sony, Microsoft, Activision Blizzard, Ubisoft e Electronic Arts (EA). Em seu livro, Dyer-Witheford e de Peuter focam na EA, explicando como "fábricas de jogos de propriedade intelectual são uma presença massiva na indústria de jogos". Em comparação com pequenos estúdios, "o controle vertical corporativo de produção, publicação, licenciamento e distribuição nos dá uma presença abrangente". Além do mais, a EA, como qualquer outra empresa de larga escala, "evidencia as tendências" incluindo aquelas "em direção ao direito proprietário, franquias licenciadas repetidas, plano de negócios em escala mundial, [e] maximização das vantagens da *glocalização*[127].[128] Isso pode ser observado claramente na série *Assassin's Creed*, mas também nos jogos de tiro em primeira pessoa e nas franquias anuais de esportes.

Nos anos recentes, tem havido uma mudança na qual as empresas têm faturado mais dinheiro com jogos eletrônicos. De acordo com uma coleta de análises de estimativa das maiores receitas com jogos eletrônicos, a empresa chinesa Tencent teve uma receita de 18,1 bilhões de dólares em 2017. Foi seguida

---

[126] Paolo Ruffino, "Narrative of Independent Production in Video Game Culture", *Loading...* 7, n. 11 (2012).

[127] N. da E.: junção dos termos *global* e *local*, usado para descrever um produto ou serviço que é desenvolvido e distribuído globalmente, mas que são também adequados para acomodar o consumidor ou usuário de um mercado local.

[128] Dyer-Witheford and de Peuter, *Games of Empire*, 66.

pela Sony, com 10,5 bilhões; Apple, 8 bilhões; Microsoft, 7,1 bilhões; Activision Blizzard, 6,5 bilhões; NetEase, 5,6 bilhões; Google, 5,3 bilhões; EA, 5,1 bilhões; Nintendo, 3,6 bilhões; e Bandai Namco, 2,4 bilhões. A Tencent quase arrecada mais do que as segundas e terceiras empresas juntas. Outra companhia chinesa, a NetEase, está no sexto lugar da lista. A maior mudança no papel de dominância, das empresas estadunidenses para as japonesas (assunto que discuti quando abordei a história dos jogos eletrônicos), vem agora seguida de uma segunda mudança em que as empresas chinesas estão se tornando cada vez mais dominantes em escala mundial.[129] Para manter essa tendência, o Bungie (estúdio americano que desenvolveu *Destiny* para a Activision) anunciou que está trabalhando em um novo título com a NetEase, captando 100 milhões de dólares para o seu desenvolvimento. A NetEase tinha publicado anteriormente o *Minecraft* e jogos da Blizzard no mercado chinês, mas agora está tomando o lugar das empresas americanas no financiamento de estúdios.[130]

Os jogos eletrônicos como uma mercadoria

A importância das editoras na indústria deve ser entendida relacionada ao papel dos jogos eletrônicos como mercadoria. No

---

[129] Niall McCarthy, "The Companies Making The Most from Video Games [Infographic]", *Forbes*, 14 mai. 2018. Disponível em: www.forbes.com/sites/niallmccarthy/2018/05/14/the-companies-making-the-most-from-video-games-infographic/#3c2c45a96610.

[130] Jason Schreier, "Bungie Gets £75 Million for New Non-Destiny Game", *Kotaku*, 1º jun. 2018. Disponível em: www.kotaku.co.uk/2018/06/01/bungie-gets-100-million-for-new-non-destiny-game.

nosso desafio de outrora, dado em *Syndicate*, Karl Marx, tem isto a dizer sobre as mercadorias:

> Uma mercadoria é, em primeiro lugar, um objeto fora de nós, uma coisa que por suas propriedades satisfaz os desejos humanos de algum tipo ou outro. Se a natureza de tais desejos, por exemplo, brotar do estômago ou da imaginação não faz diferença. Nem estamos aqui preocupados em saber como o objeto satisfaz esses desejos, seja diretamente como meio de subsistência, ou indiretamente como meio de produção.[131]

Os jogos eletrônicos satisfazem um "desejo" de certo tipo, apesar do fato de Marx pontuar que não é importante qual tipo de "desejo" seja. No entanto, o importante é que eles são uma "mercadoria", pois são feitos como "um produto... transferido para alguém a quem servirá como um valor de uso, por meio de uma troca".[132] Eles não são (na maioria das vezes) feitos como uma obra de arte, mas antes encomendados por editoras que procuram obter um retorno financeiro do investimento realizado. Isso pode ser visto melhor com as séries "*blockbuster*" de jogos eletrônicos, como *Assassin's Creed*. Como David Nieborg tem defendido, esses jogos eletrônicos "*blockbusters*", principalmente os de videogames, se comparam "bem com a natureza de *hits* de grande parte da indústria cinematográfica. Ambos dependendo bastante de um alto risco para uma produção de alto retorno".[133]

---

[131] Karl Marx, *Capital: A Critique of Political Economy*, vol. 1. Londres: Penguin Books, 1976, 125.

[132] *Idem.*

[133] David B. Nieborg, "Prolonging the Magic: The Political Economy of the 7th Generation Console Game", Eludamos: *Journal for Computer*

O relacionamento entre editores e vendedores determina o preço final do jogo, tanto para os preços em loja física como para digital. Entretanto, o preço varia de acordo com os diferentes formatos que o produto tem e seu método de entrega. O preço de um jogo de Xbox One, por exemplo, pode variar. Na Amazon, pela qual os jogos físicos podem ser entregues, o preço também varia substancialmente. Enquanto escrevo este texto, jogos pré-lançados custam em torno de 49,99 libras, aproximadamente 64 dólares. No entanto, *Assasin's Creed Syndicate* (já lançado há alguns anos) pode ser comprado por 14,70 libras/19 dólares, enquanto a versão mais recente, *Assassin's Creed Origins*, é estranhamente vendida na caixa por 36,49 libras/47 dólares e 54,99 libras/70 dólares, baixando digitalmente, apesar da caixa e o disco físico não estarem incluídos. A pré-venda para *Assassin's Creed Odyssey* custa 49,99 libras/ 64 dólares a edição normal e 79,99 libras/102 dólares a edição de luxo, que inclui conteúdos adicionais.

Destrinchar o porquê dos jogos eletrônicos custarem o preço que custam pode ser particularmente difícil, soma-se "o fato de que muitas editoras e vendedores são extremamente relutantes em falar sobre dinheiro, e especialmente sobre o que acontece com o dinheiro uma vez que o jogo é entregue".[134] Esse sigilo foi confirmado por um jornalista da área que disse não conseguir fazer com que nenhuma editora ou vendedor comentasse com ele sobre preços. Apesar do barateamento dos processos de produção e de distribuição, *downloads online* continuam artificialmente mais caros, pois os editores necessitam manter

---

Game Culture 8, n. 1 (2014), 47-63.

[134] Keza MacDonald, "Why You Pay What You Pay for Video Games", Kotaku, 30 set. 2015. Disponível em: www.kotaku.co.uk/2015/09/30/why-you-pay-what-you-pay-for-video-games.

as relações com os varejistas e "literalmente não podem se dar ao luxo de prejudicar ou irritar os varejistas sob quaisquer circunstâncias".[135] Se a editora Ubisoft decidir baratear em cima do rendimento de um varejista físico como a Game, eles podem recusar o armazenamento do próximo jogo da Ubisoft. Mesmo se eles não forem tão longe, podem ameaçar não estocar o jogo, tirá-lo de promoção ou exigir uma parcela maior das vendas. Em qualquer um dos casos, a Ubisoft perderia dinheiro. A maior parte dos lucros é obtida nas semanas logo após o lançamento, fazendo com que o local de exposição do jogo nas lojas seja chave – junto com eventos de lançamento e assim por diante.[136] Como um analista da indústria explicou:

> Os editores são orientados pela quantidade de tempo que eles têm para poder recuperar seu dinheiro... Em um grande lançamento de 100, 200 milhões de dólares, eles têm apenas de duas a três semanas para recuperar os investimentos iniciais. Sendo assim é crucial para os editores terem seus produtos dispostos em destaque nas lojas. É tudo sobre o real estado do produto dentro das lojas.[137]

Igualmente, isso também pode ser observado com o "real estado" *online*. Por exemplo, quando se procura por *Assassin's Creed* na Amazon, o primeiro resultado é "Desenvolvido pela Ubisoft: *Assassin's Creed Odyssey* – pré-venda agora, compre agora."

Com jogos para PC é diferente, já que eles raramente são vendidos de forma física, e a plataforma de distribuição Steam (uma vitrine *online*) é mais comumente usada. O relaciona-

---

[135] MacDonald, "Why You Pay What You Pay".
[136] MacDonald, "Why You Pay What You Pay".
[137] Citado em MacDonald, "Why You Pay What You Pay".

mento editor-varejista, portanto, mudou para uma forma mais limpa, para uma relação editor-plataforma. Além disso, os preços dos jogos para PC podem ser mais baixos porque os editores não têm de pagar a taxa de licença, que eles têm de pagar para os jogos de videogame (com a taxa indo para o produtor do console de videogame). O Steam fica com aproximadamente 30% do preço de venda, considerando que comprar diretamente do desenvolvedor não envolve isso. Estima-se que os varejistas, nos Estados Unidos e no Reino Unido, vão ficar com, aproximadamente, entre 20% e 35% do preço de venda, sendo que essa taxa pode variar dependendo do que estiver envolvido no acordo entre a editora e o varejista, como, por exemplo, descontos que podem aumentar para vendas nas lojas físicas.[138]

Para a cópia física de *Assassin's Creed Origins*, analistas propuseram a seguinte repartição: se o preço de venda é 64 dólares, 20% do valor seriam pagos em impostos e aproximadamente mais 20% para o varejista, sobrando 38 dólares. Desses, 5,75 dólares vão para *royalties* de produtores de console, outros 5,75 dólares para *royalties* de conteúdo licenciado, 3,80 dólares para o custo de desenvolvimento, 1,30 dólares para a produção e embalagem e, finalmente, o custo opcional de 3,10 dólares de seguro para devoluções e 3,10 dólares de custo de distribuição. Sobrando aproximadamente 16 dólares em lucro bruto.[139] Esses custos variam, mas indicam que as editoras podem potencialmente ter um excelente retorno com jogos eletrônicos. Enquanto a fatia do varejista pode parecer alta (e pode até ser ainda mais alta do que o exemplo acima), vale lembrar que "lojas especializadas como a Game, no Reino Unido, têm sido bem importantes, historicamente, na promoção dos jogos para

---

[138] MacDonald, "Why You Pay What You Pay".

[139] SuperData citado em MacDonald, "Why You Pay What You Pay".

o grande público e no crescimento dos consumidores de jogos eletrônicos".[140] O mesmo pode ser dito para o mercado estadunidense. Sem as lojas físicas, a indústria dos jogos eletrônicos não teria crescido na mesma escala, o que também significa que a expansão das verbas seriam bem menores.

Como mostrado anteriormente, consoles de videogame estão inseridos em ciclos de desenvolvimento de novos *hardwares*, diferentemente de outras indústrias culturais, como o cinema. O lançamento do Xbox One e do PlayStation 5 abriu o início da "fase de transição da indústria do produto físico (venda de jogos em lojas) para um modelo de circulação baseado na distribuição digital".[141] Os jogos AAA, ou "Triplo A" (aqueles com maior orçamento em desenvolvimento e *marketing*) desenvolvidos pelos editores não eram mais um produto de uma compra física simples, mas tornaram-se, em vez disso, "um produto híbrido, mostrando a mistura dos mecanismos de circulação física e digital".[142] Essa geração de videogames facilitou a distribuição do DLC (conteúdos baixáveis por *download*), um formato que as editoras vêm tentando usar para driblar sua relação com os varejistas e extrair mais lucros. Os DLCs são expansões para os jogos que são vendidos depois da aquisição física. Normalmente, envolvem missões e mapas adicionais, aumentando a longevidade do jogo.

Em 2015, estava claro nos relatórios financeiros da EA o porquê do entusiasmo com os DLCs. A EA fez o dobro de dinheiro com DLCs do que fez com a venda dos jogos básicos que foram baixados. Em 2015, o jogo de futebol *FIFA* foi majoritariamente comprado em lojas (aproximadamente 80% das cópias). A EA

---

[140] MacDonald, "Why You Pay What You Pay".
[141] Nieborg, "Prolonging the Magic".
[142] Nieborg, "Prolonging the Magic".

arrecadou menos nessas cópias físicas pelos motivos listados acima. No entanto, DLCs proporcionaram mais do que cópias digitais (nas quais já estava removida a participação dos varejistas). Em um trimestre de 2015, a EA arrecadou 89 milhões de dólares em vendas digitais de jogos básicos (não incluindo a venda de jogos físicos, que foi estimada em aproximadamente 450 milhões), mas arrecadou 195 milhões em "conteúdos adicionais".[143] Seguindo o potencial de fazer dinheiro dessa forma, a EA lançou sua própria loja *online*, a Origin; a Ubisoft lançou uma loja, e a Activision Blizzard lançou a Battle.net.

Uma forma de entender o fenômeno DLC é focar no caminho pelo qual os jogos AAA se tornaram vendáveis. Como David Nieborg explicou, esses jogos podem ser denominados como mercadorias culturais. Isso envolve desmembrar a maneira como o "valor de uso do produto cultural é transformado em valor de troca", com ênfase em "*que tipo* de jogos Triplo A são feitos, *sob quais condições* e *como* eles circulam".[144] O que Nieborg defende, e que parece bastante convincente, é que o jogo AAA é "melhor compreendido como um fluxo aparentemente infinito e gradual em renováveis experiências em jogos. Além do mais, o jogo AAA, em sua forma de mercadoria, funciona completamente inserido no modelo capitalista, logo está atado a um tipo específico de produção e a uma lógica de circulação". Quanto aos consoles de videogame, significa entender os efeitos determinantes da "natureza dependente da plataforma de console", incluindo as limitações do *hardware*, *software*, contro-

---

[143] Julian Benson, "EA Makes Twice as Much from DLC as It Does from Selling Full Games Online", Kotaku, 2 nov. 2015. Disponível em: www.kotaku.co.uk/2015/11/02/ea-makes-twice-as-much-from-dlc-as-it-does-from-selling-full-games-online.

[144] Nieborg, "Prolonging the Magic".

les e a interface gráfica do usuário. Isso padroniza o processo de produção de jogo, restringindo as possibilidades de que tipos de jogos serão encomendados e desenvolvidos. Como Ian Bogost explicou, "Estes limites tanto facilitam como restringem a produção discursiva, assim como as regras da linguagem natural limitam a poesia e as regras de ótica limitam a fotografia".[145]

O resultado são "duas estratégias complementares e claramente distintas" para os jogos AAA. O primeiro é a franquia, com séries regulares ligadas às estruturas das editoras para maximizar a receita. O segundo é o uso do "conteúdo distribuído digitalmente", o que aumenta a capacidade desses videogames de gerarem receitas adicionais. Tanto a economia quanto a tecnologia dos sistemas proprietários (eles mesmos uma variável da economia da indústria de *hardware*) têm um importante efeito na produção de jogos eletrônicos. Esses sistemas moldam os tipos de jogos que surgirão, garantindo um elevado capital de investimento, combinado com esses novos métodos de distribuição para fazer dinheiro com os jogos como produtos culturais.[146] No entanto, enquanto os jogos eletrônicos estão se movendo para além do console, a parte de distribuição digital desse modelo de negócios tornou-se cada vez mais dominante.

A editora Valve desenvolveu primeiramente o Steam, em 2003, como uma forma de manter o jogo *Counter-Strike* atualizado e para garantir que os usuários teriam individualmente a mesma versão jogável. Como o lançamento do *Half-Life* 2 no ano seguinte, a Steam tornou-se o modelo da Valve a vender diretamente aos consumidores. A Valve posteriormente abriu a plataforma para a venda de terceiros – hoje a plataforma estima

---

[145] Ian Bogost, *Unit Operations: An Approach to Videogame Criticism*. Cambridge, MA: MIT Press, 2006, 66.

[146] Nieborg, "Prolonging the Magic".

controlar mais ou menos 70% das vendas de jogos eletrônicos para PC.[147] É difícil obter dados precisos sobre o Steam, mas o *website* independente Steam Spy coleta dados do Steam para criar estimativas. Em 2017, haviam 7.672 jogos disponíveis no Steam, um grande aumento em relação aos 4.207 disponíveis em 2016 (que representavam 38% de todos os jogos que a distribuidora *online* havia lançado até essa data); que foi precedido por um aumento de 2.964 em 2015, 1.772 em 2014 e apenas 565 em 2013.[148] Para o consumidor, o Steam oferece um meio de achar os jogos todos no mesmo lugar (ou ao menos tentar achá-los, dada a grande quantidade de produtos). Para a Valve, a plataforma oferece uma maneira de formar quase um monopólio sobre a distribuição de jogos para PC.

Logicamente, tendências monopolistas dentro da mídia – ou em outras indústrias em que isso é relevante – foram combatidas anteriormente, mas como Daniel Joseph disse, o Steam representa uma nova tentativa dessa velha prática.[149] O Steam atua como uma plataforma. Como explicou Nick Srnicek, as plataformas "se posicionam como um intermediário que junta diferentes usuários… E frequentemente, essas plataformas vêm também com uma série de ferramentas que permitem a seus usuários construir seus próprios produtos, serviços e merca-

---

[147] Daniel Joseph, "Code of Conduct: Platforms Are Taking Over Capitalism, but Code Convenes Class Struggle as Well as Control", Real Life, 12 abr. 2017. Disponível em: http://reallifemag.com/code-of-conduct/.

[148] Ben Kuchera, "Report: 7,672 Games Were Released on Steam in 2017", Polygon, 12 jan. 2018. Disponível em: www.polygon.com/2018/1/10/16873446/steam-release-dates-2017.

[149] Joseph, "Code of Conduct".

dos".[150] A maioria esmagadora dos jogos vendidos no Steam são produtos de outras empresas. Plataformas não apenas hospedam conteúdos, elas procuram ganhar dinheiro (em uma forma de aluguel – um pagamento para o uso temporário de um bem, serviço ou propriedade).

Para a maioria dos usuários, o Steam parece ser uma interface bem desenvolvida e fácil de usar. Como Joseph apontou, "A codificação funciona quando ela desliza nos bastidores, trabalhando seus números enquanto ninguém fala sobre isso". No entanto, quando um problema aparece, também é possível "enxergar essa relação social como ela é de verdade: controle".[151] A prática da modificação é um exemplo. As modificações são comumente aceitas pelas empresas de jogos, contanto que quem modificou não venda o jogo que foi modificado. Isso cativa um usuário, que inicialmente era só um jogador, para a plataforma como um tipo de trabalhador não pago. O Steam hospeda *mods* como uma parte de seu serviço de distribuição, com os usuários podendo baixá-los gratuitamente e experimentar os jogos com as criações de outros usuários.

No entanto, em 2015, a Valve e a Bethesda decidiram implementar uma maneira de vender *mods* pela plataforma Steam. O código foi alterado, mudando como eles eram distribuídos, introduzindo *mods* pagos. Isso teve efeitos indiretos em *mods* relacionados com outros – se o último não fosse mais gratuito, levantava a dúvida também se o primeiro continuava gratuito ou não. Em última análise, significou a mercantilização do que anteriormente tinha sido um *hobby* para muitos. Como Joseph explicou, a "comunidade de modificação ficou massivamente

---

[150] Nick Srnicek, *Platform Capitalism*. Cambridge: Polity, 2017, 43.
[151] Joseph, "Code of Conduct".

furiosa".[152] Juntamente com protestos generalizados, os modificadores "pararam de trabalhar, e o poder gerado por esse código caiu. Isso não foi (necessariamente) entendido como uma consciência de luta de classes, mas poderia ter sido sob circunstâncias diferentes".[153] As ações dos modificadores convenceram a Valve e a Bethesda a reverterem a decisão. No entanto, a Valve anunciou em 2018 que faria uma parceria com a Perfect World para levar o Steam à China, continuando o caminho para o monopólio.[154] A força motriz, como apontou Joseph, "continua a mesma que Karl Marx descreveu n'*O Capital*: a exploração do trabalho para produzir mais-valia". Por mais desconcertante que seja esse enfoque, ele não é o único tipo de conflito no âmbito dos jogos eletrônicos.

O complexo industrial militar

O conflito no universo dos jogos eletrônicos não ocorre apenas entre os trabalhadores e o capital nos diferentes estágios do processo de produção e distribuição, nem é limitado às guerras entre produtores de videogames rivais ou diferentes editoras. Os jogos eletrônicos há tempos têm uma conexão com a guerra em si dentro do meio militar. Essa é uma continuação da expressão "jogos e guerra sempre estiveram juntos em uma relação próxima", de jogos de tabuleiro, como o GO e o Xadrez, a jogos eletrônicos de estratégia, competições de gladiadores

---

[152] Joseph, "Code of Conduct".

[153] Joseph, "Code of Conduct".

[154] Andy Chalk, "Valve and Perfect World Are Bringing Steam to China", PC Gamer, 11 jun. 2018. Disponível em: www.pcgamer.com/valve-and-perfect-world-are-bringing-steam-to-china/.

a jogos de tiros de primeira pessoa.[155] Um corpo de pesquisa sobre o complexo industrial-militar revelou vínculos organizacionais entre o exército e os jogos e analisou os efeitos sobre os jogadores.[156] Tem-se dado menos atenção a como os jogos militares são realmente produzidos e a entender como os processos de trabalho individual combinam-se para criar o produto final.

Os militares perceberam já inicialmente o potencial dos jogos eletrônicos para treinar soldados e testar estratégias, assim como os jogos antigos de guerra foram usados extensivamente na história da guerra. Por exemplo, nos anos 1980, a Defence Advanced Research Projects Agency (Darpa) começou a trabalhar com programadores para fazer jogos de treinamento. Igualmente, como uma forma de treinar o corpo de fuzileiros navais dos Estados Unidos, modificou-se o *Doom II*, renomeando-o como *Marine Doom*. Os militares mais tarde continuaram com essa ideia por meio de várias interações, incluindo o *Virtual Battlespace* 2, usado para treinar "milhares de tropas mandadas ao Afeganistão".[157] Da mesma forma, os militares

---

[155] Holger Pötzsch e Phil Hammond, "War/Game: Studying Relations between Violent Conflict, Games, and Play", Game Studies 16, n. 2, 2016.

[156] Veja, por exemplo, Ed Halter, *From Sun Tzu to Xbox: War and Video Games*. Nova York: Avalon Publishing Group, 2006; James Der Derian, *Virtuous War: Mapping the Military-Industrial-Media-Entertainment Network*. Londres: Routledge, 2009; Nina B. Huntemann e Matthew T. Payne, *Joystick Soldiers: The Politics of Play in Military Video Games*. Londres: Routledge, 2010; Gerald Voorhees, Joshua Call e Katie Whitlock, *Guns, Grenades, and Grunts: First-Person Shooter Games*. Nova York: Bloomsbury, 2012; Corey Mead, *War Play: Video Games and the Future of Armed Conflict*. Nova York: Houghton Mifflin, 2013.

[157] Nick Hopkins, "Ministry of Defence Forced to Update Its War Games for Xbox Generation", *Guardian*, 28 dez. 2011. Disponível

britânicos tinham "melhorado radicalmente alguns de seus jogos de simulação de guerra para manter a atenção dos recrutas" que cresceram junto com os últimos videogames.[158] A conexão, portanto, fortalece-se entre "desenvolvedores de jogos e estrategistas de guerra" tendo "interesses similares em simulação de multimídia e experiência virtual", resultando em uma grande colaboração e subsidiando a produção de novos jogos.[159] Isso envolveu trocas diretas entre a indústria de jogos e os militares – por exemplo, uma propaganda de recrutamento do exército britânico mostrava um controle de Xbox pilotando um drone.[160]

A modificação de jogos pelos militares continuou com o lançamento da série *America's Army* e *Full Spectrum Warrior*. A *America's Army* foi publicada pelo exército estadunidense e desenvolvida como uma ferramenta de recrutamento adaptada e adequada à próxima geração de jovens jogadores. Essa conexão direta continuou com o *Full Spectrum Warrior*, que foi usado como ferramenta de treinamento.[161] A subsunção dos jogos eletrônicos envolveu, portanto, a formação de uma indústria para criar e vender jogos com interesses e propósitos específicos. Jogos de tiro em primeira pessoa são uma parte da "manifestação

---

em: www.theguardian.com/uk/2011/dec/28/ministry-defence-war-games-xbox.

[158] Hopkins, "Ministry of Defence Forced".

[159] Stephen Kline, Nick Dyer-Witheford e Greig de Peuter, *Digital Play: The Interaction of Technology, Culture, and Marketing*. Montreal e Kingston: McGill-Queen's University Press, 2003, 99.

[160] Michael Brooks, "If You Can Play a Video Game, You Can Fly a Drone", New Statesman 13 jun. 2012, www.newstatesman.com/sci-tech/sci-tech/2012/06/play-video-game-fly-drone.

[161] Matthew T. *Payne, Playing War: Military Video Games after 9/11*. Nova York: NYU Press, 2016, 6.

de um complexo temático maior que foca a cultura do jogo na posição de sujeito e discurso" que pode ser denominada como "masculinidade militarizada".[162] Esse tipo de jogo é feito por pessoas com ligações (diretas e indiretas) com o meio militar, e, às vezes, é até mesmo usado diretamente para treinar ou recrutar pessoas.

O crescimento da indústria de jogos militares vem sendo estudado por Roger Stahl como uma forma de *militainment*[163] que consiste em transformar a "violência de estado [...] em um objeto de consumo prazeroso. Além disso, também indica que esse estado de violência não é o do abstrato, distante ou de acontecimentos históricos, mas um iminente ou atual uso da força, diretamente relevante para a vida política atual do cidadão".[164] O *militainment* tem uma longa história e é mais comumente encontrado em filmes ou em outras mídias. Evidentemente ele beneficia o exército e o Estado, normalizando as ações militares, mas, nesse caso, a aproximação do exército com os desenvolvedores de jogos nem sempre é tão transparente como exército dos Estados Unidos simplesmente publicarem seu próprio jogo. Frequentemente, desenvolvedores de jogos confiam na experiência dos consultores militares, logo, não têm "que submeter suas escolhas de *design* ao controle do exigente processo de revisão do governo".[165]

O processo de achar consultores militares se mostrou fácil para os desenvolvedores de *Call of Duty*. Como um dos desen-

---

[162] Kline, Dyer-Witheford, and de Peuter, Digital Play, 244.

[163] N. da E.: *Militainment* é uma categoria de entretenimento com temáticas que celebram os militares e seu universo.

[164] Roger Stahl, *Militainment, Inc.: War, Media, and Popular Culture*. Londres: Routledge, 2010, 6.

[165] Matthew Payne, *Playing War*, 6.

volvedores explicou: "Nós tivemos sorte de a série ter inúmeros fãs dentro das organizações militares e dentro da indústria de entretenimento". Eles continuaram a perceber que "isso atrai muito interesse, e um grande desejo em ajudar o *Call of Duty*".[166] O uso de consultores tem uma longa história na indústria cinematográfica, mas Keith Stuart questiona corretamente se os desenvolvedores devem "usar a experiência do mundo real para a autenticidade da narrativa".[167] Até agora, essa questão foi ofuscada pelo desejo de realismo, com a formalização do processo por meio do estabelecimento de empresas como a Strike Fighter Consulting Inc., que oferece uma gama de experiência "de pilotos de caça, de bombardeiro e de teste para missões de comando, especialistas em inteligência e forças de operações especiais".[168] Como seu material de propaganda explica, "consultores militares" podem ajudar os desenvolvedores a "criar uma verossimilhança em cenários de combate que" – eles afirmam – "levará a uma imersão maior no jogo e aumentará as vendas".[169] Entretanto, oferecer uma "visão não filtrada das trincheiras" também se mostrou problemática na prática. O uso dos SEALs da marinha dos Estados Unidos no *Medal of Honor:*

---

[166] Citado em Keith Stuart, "Call of Duty: Advanced Warfare: 'We Worked with a Pentagon Adviser,'" *Guardian*, 28 ago., 2014. Disponível em: www.theguardian.com/technology/2014/aug/28/call-of-duty-advanced-warfare-pentagon-adviser.

[167] Stuart, "Call of Duty".

[168] Strike Fighter Consulting, "About", Strike Fighter Consulting, 2011. Disponível em: http://strikefighterconsultinginc.com/about/.

[169] Dabney B., "Did the DoD Forever Change the FPS Video Game Industry?", Strike Fighter Consulting, 9 nov. 2012. Disponível em: http://strikefighterconsultinginc.com/blog/did-the-dod-forever-change-the-video-game-industry/.

Warfighter envolveu, aparentemente, a divulgação de informação confidencial, acarretando uma carta de repreensão oficial.[170] Essa "visão não filtrada" pareceu envolver informação à qual o público não deveria, supostamente, ter acesso.

O trabalho dos consultores não é a única forma de as conexões entre os desenvolvedores e o complexo industrial-militar serem realizadas. Ainda que muitos dos consumidores não estejam cientes disso, muitos desenvolvedores pagam produtores de armas para ter seus produtos inclusos nos jogos. Como disse anteriormente na explicação do custo do *marketing* nos jogos eletrônicos, um dos componentes desse custo são os *royalties*, que em alguns casos serão gastos com produtores de armas. A popularidade dos jogos eletrônicos como mídia também significa que eles estão cada vez mais atraindo a atenção dos publicitários. Nas competições de esporte, por exemplo, empresas que vendem peças de computador e acessórios atuam regularmente como patrocinadores e anunciantes, e agora outras empresas estão começando a se envolver também. Simon Parkin afirma que a história das empresas patrocinadoras "imita produtos de adultos para crianças", citando o exemplo dos doces em formato de cigarros e a licença da Gibson para guitarras de plástico. Enquanto essa abordagem pode fazer sentido com acessórios de computador de forma geral, ou carros de esporte em jogos de corridas, ou mesmo equipamentos em jogos de esporte, isso não é tão óbvio como em jogos de guerra – principalmente quando vários dos jogadores são crianças. No entanto, talvez essa informação não desperte tanta surpresa para os leitores que vivem nos Estados Unidos como para os que vivem no Reino Unido, um país onde a ideia de comprar uma arma é tão in-

---

[170] Strike Fighter Consulting, "About"; Dabney B., "Did the DoD Forever Change?".

comum como ver um anúncio de uma. Parkin acha que "armas licenciadas são comuns em jogos eletrônicos, mas os acordos entre os desenvolvedores de jogos e a indústria armamentista são encobertos". Nenhuma das editoras que ele contatou estavam dispostas a falar sobre isso.[171]

Apesar da relutância das editoras em discutir essa questão, a informação pode ser obtida pelo outro lado do acordo. A Cybergun, uma empresa francesa, aproveitou sua experiência em fazer armas de pressão (que aparentam, na verdade, ser armas reais) para negociar acordos entre produtores de armas e desenvolvedores de jogos, incluindo ser representante da "Uzi, Kalashnikov, Colt, FAMAS, FN Herstal, Sig Sauer, Mauser e Taurus". No entanto, a Barrett – criadores do rifle de longo alcance M82 – foi além nos detalhes, com seu representante explicando que "os jogos eletrônicos expõem nossa marca junto a um público jovem que pode ser considerado futuros consumidores".[172] Ela também revelou que as negociações das taxas de *royalties* podem ser realizadas em um pagamento único ou em percentagem das vendas, talvez uma taxa entre 5% e 10% do preço de varejo do jogo.[173]

Apesar do crescimento da mercantilização de um enorme número de coisas dentro do capitalismo, ainda é surpreendente escutar que rifles de calibre cinquenta estão sendo anunciados para crianças. Do ponto de vista de alguém que mora no Reino Unido, é difícil achar um motivo razoável para uma pessoa

---

[171] Simon Parkin, "Shooters: How Video Games Fund Arms Manufacturers", Eurogamer, 31 jan. 2013. Disponível em: www. eurogamer.net/articles/2013-02-01-shooters-how-video-games-fund-arms-manufacturers.

[172] Citado em Parkin, "Shooters".

[173] Parkin, "Shooters".

comprar um rifle tão grande e poderoso que foi desenhado para parar um veículo com apenas um único tiro no motor. Mas, independentemente disso, ainda *deveria* ser difícil justificar o *marketing* desse produto para crianças.

A negociação da inclusão de armas em um jogo também pode ir além da questão financeira. No caso da Barrett, significa que a empresa pode ter certeza de que "se mostrará explicitamente como o rifle deve ser usado, garantindo que ele apareça com destaque... Assim como os *mocinhos* usando-o".[174] Nenhum dos desenvolvedores estarão aptos a mostrar a arma sendo usada por personagens designados como inimigos dos Estados Unidos ou na lista de terroristas procurados. Isso pode resultar em reescrever a história para que se enquadre no requerimento. Por exemplo, a Brigada do Sul de Armagh do IRA [Exército Republicano Irlandês] usou com sucesso rifles da Barrett contra o exército britânico e contra a polícia da Irlanda do Norte nos anos 1990. Na apresentação dessa brigada em particular, a arma teve de ser removida.

Muitas empresas armamentistas têm vendido seus produtos para diversos tipos de conflitos, com o Reino Unido exportando mais de 7 bilhões de libras em armas anualmente, geralmente para "regimes repressivos".[175] A questão de quem é considerado "amigo" e "inimigo" serve aos interesses do Estado, e agora é reforçada no videogame também. Como resultado, "consumidores têm, nos últimos anos, financiado involuntariamente empresas de armas que muitas vezes têm suas próprias agendas

---

[174] Parkin, "Shooters".

[175] Jamie Doward, "Does UK's Lucrative Arms Trade Come at the Cost of Political Repression?", *Guardian*, 12 fev. 2017. Disponível em: www.theguardian.com/world/2017/feb/12/british-arms-deals-with-saudi-arabia-high-court.

militares".[176] Isso traz à tona sérias questões éticas, obscurecendo a distinção entre jogo e realidade. Por exemplo, Martin Hollis, anteriormente um desenvolvedor de jogos violentos, explicou que desde que mudou seu coração, sua "posição moral" é que "você é parcialmente cúmplice da violência assim que adota uma narrativa violenta. Licenciar nome de armas é o ponto mais obscuro de um espectro que começa com o ato de brincar de *polícia e ladrão*. Mas colocar dinheiro nas mãos de negociantes de armas só pode ajudá-los a fazer ferramentas para matar".[177] Ainda assim, essa discussão nunca está presente nos debates hiperbólicos sobre violência nos jogos eletrônicos realizados por políticos e outras figuras públicas.

O sucesso de jogos contemporâneos como *Call of Duty* tem também tornado o relacionamento entre a indústria de jogos e a indústria militar cada vez mais recíproco. Dave Anthony, o escritor e produtor dos jogos da série *Call of Duty*, foi convidado a participar do Atlantic Council – um *think tank* estadunidense que "aconselha sobre o futuro dos conflitos desconhecidos". Por participar da realização de um jogo sobre o futuro da guerra, Anthony começou, então, a participar do atual planejamento dos conflitos futuros. Sua primeira sugestão foi próxima de casa: a "introdução de uma tropa de elite escolar, soldados dos Estados Unidos à paisana, cujo o dever seria proteger as escolas".[178]

Essas conexões entre o complexo industrial-militar e a indústria de jogos eletrônicos vão além de uma simples consul-

---

[176] Parkin, "Shooters".

[177] Citado em Parkin, "Shooters".

[178] Simon Parkin, "Call of Duty: Gaming's Role in the Military-Entertainment Complex", *Guardian*, 22 out. 2014. Disponível em: www.theguardian.com/technology/2014/oct/22/call-of-duty-gaming-role-military-entertainment-complex.

toria. Em alguns casos, a coordenação traz o envolvimento real dos militares, já em outros é indireto, incluindo pagamento. No entanto, esse envolvimento marca uma importante divergência entre o desenvolvimento dos jogos AAA e o dos *indies*, principalmente no que diz respeito aos diferentes níveis de recursos e ao (potencial) acesso dos desenvolvedores de jogos AAA aos recursos e financiamentos militares.

Levando em conta todas essas considerações, é cada vez mais importante entender como esses jogos estão *realmente* sendo feitos. Faz-se necessária uma análise materialista para estudar como os militares e o capital, de diversas formas, se introduzem ou afetam o processo de produção de jogos e o conteúdo que eles abordam. A seguir tratarei do ambiente do estúdio, onde a maioria dos jogos é feita.

O trabalho com os jogos eletrônicos

No *Game Dev Story*, o jogador assume o controle de uma empresa de desenvolvimento de jogos eletrônicos. Originalmente lançado para Windows há vinte anos, foi recentemente adaptado para *smartphones*. Ele utiliza uma configuração típica de jogos de gerenciamento: você observa o local de trabalho do alto, toma decisões unilaterais e aloca recursos. Entretanto, em vez de comandar uma corporação ou construir uma cidade, o jogo faz você desenvolver jogos eletrônicos. Com sua arte de direção pixelizada, oferece uma certa onda *indie*, conforme você vai fazendo suas próprias criações digitais.

O processo de fazer um jogo começa selecionando "desenvolver" e "novo jogo". Bem simples até agora. Isso permite ao jogador selecionar a "plataforma" – por exemplo, "Jogo para PC". O "gênero" – por exemplo, "aventura" – e então combinar com um "tipo", como "pirata". Cada exemplo tem uma popularidade avaliada de A a C, e precisa ser combinada para fazer um jogo que vai vender. Isso permite uma variedade de combinações, apesar de, infelizmente, o jogo não oferecer a opção de "gerenciamento" e "estúdio de jogos eletrônicos", evitando assim o cenário potencial de espiralizar em um metajogo de imaginar como você, como um jogador (gerenciando um estúdio), poderia fazer um jogo sobre gerenciar um estúdio e se existiriam muitos consumidores em potencial que gostariam de jogar um jogo sobre gerenciamento de um estúdio de jogos eletrônicos.

Existem algumas escolhas a serem feitas sobre "direção", se "normal" ou de "qualidade", que tem um custo adicional e assim por diante. Daqui,o jogador pode adicionar pontos na direção, escolhendo aumentar algumas qualidades, como "beleza", "realismo", "acessibilidade", "nicho de mercado", "simplicidade", "inovação", "mundo do jogo" e "refinamento". Depois de fazer essas escolhas, o jogador inicia um diálogo com a secretária, que diz: "Parabéns, você começou seu primeiro jogo!".

A criação real do jogo necessita que alguém escreva o projeto, usando "um roteirista da equipe" ou contratando "um especialista externo". Se selecionado o roteirista da equipe, ele vai responder, "Um jogo sobre piratas? Vou tentar fazer algo que nunca foi feito anteriormente!". Assim que ele senta em sua mesa escrevendo, pequenos ícones começam a aparecer sobre sua cabeça: um controle de jogo significando "diversão", uma bola dourada para "criatividade", uma paleta para "gráficos" e um trompete para "áudio". Sua atividade é adicionada à contagem contínua do jogo, que é mostrada na parte inferior da tela. A visão do jogador retorna a perspectiva de cima do estúdio, com cada um dos trabalhadores em sua mesa. Conforme eles trabalham, mais ícones começam a aparecer, assim como uma cabeça de monstro roxa para *bugs* (defeitos de *software*). Não existe uma maneira de gerenciar ativamente os trabalhadores no estúdio, apesar de um indicador de percentagem registrar o progresso do trabalho. De vez em quando um trabalhador pode "pegar fogo" – não literalmente, mas como indicação de que ele está trabalhando particularmente muito bem – adicionando mais pontos ao jogo. Uma vez que o indicador de progresso alcança 100%, o jogo pode ser lançado. Um aviso em formato de revista exibe quatro revisores de jogo (cada um com seu retrato pixelizado). Eles dizem coisas como "Hmm" enquanto os números mudam aleatoriamente. Cada um expressa uma linha de comentário "A tela do título não está ruim" ou "Repense a combinação" e uma nota numa escala de zero a dez.

Depois que o jogo imaginário é desenhado, produzido e revisado, o *Game Dev Story* vai para a simulação de vendas, na qual o jogador é presenteado com vários aspectos de *marketing* de seu novo produto. Isso inclui fazer anúncios, treinar mais funcionários e assim por diante, enquanto se gerencia o estúdio. O processo inclui terceirização, algo que é cada vez mais comum dentro da indústria. No entanto, embora cubra diversas atividades, ele também perde e simplifica – o que é esperado – muito do processo real da construção de um jogo eletrônico.

Uma diferença-chave é que o processo de desenvolvimento no jogo é sequencial, com cada uma das atividades compartimentada. O processo real é muito mais complicado e confuso. A ação no *Game Dev Story* "em última análise se resume a duas simples funções: selecionar vários itens no catálogo e assistir o preenchimento de vários medidores".[179] As decisões são fáceis de tomar, e o processo de desenvolvimento é linear. Os trabalhadores têm suas habilidades claramente definidas e podem ser motivados de uma forma direta. O jogo é configurado de modo "que seu personagem descanse sobre uma mesa no canto superior esquerdo da tela, não fazendo absolutamente nada. Ele apenas senta e observa enquanto sua equipe realiza todo o trabalho".[180] Uma forma de ler essa escolha do *designer* do jogo

---

[179] The Work of Videogames Ryan Davis, "Game Dev Story Review", Giant Bomb, 2 nov. 2010. Disponível em: www.giantbomb.com/reviews/game-dev-story-review/1900-336.

[180] Jason Schreier, "What's Right (and Wrong) with Game Dev Story's Addictive Simulation", Wired, 3 dez. 2010. Disponível em: www.wired.com/2010/12/game-dev-story.

é esta, em uma simulação onde o jogador controla de cima, os funcionários não precisam ser motivados ou persuadidos a trabalhar. A outra pode ser que o gerente, na vida real, não adiciona, na verdade, mais nada no processo de criação do jogo além da escolha do gênero e tipo de jogo a ser desenvolvido.

O *Game Dev Story* é uma simulação, sem a intenção de fornecer uma representação completamente detalhada de como um jogo é realmente feito. No entanto, é interessante refletir sobre como a imagem de um desenvolvedor de jogo é apresentada aqui e o vislumbre na apresentação do local de trabalho virtual. Obviamente o estúdio de desenvolvimento não é uma fábrica, nem contemporânea, nem da época vitoriana. Entretanto, continuando o encontro com Marx junto com os gêmeos Frye no *Assassin's Creed Syndicate* (bem como o que ele realmente experimentou na vida em Londres), nós podemos pensar sobre o que o fato de questionar as condições de trabalho nos estúdios de jogos pode significar. Até agora, nós temos nos baseado em relatórios sobre a indústria, mas este é apenas um esboço da sua história e de seu papel dentro do capitalismo. Vou me voltar agora para um foco marxista sobre o processo de trabalho – como os jogos eletrônicos são feitos – para entender o trabalho do jogar.

O desafio de investigar o trabalho no mundo dos jogos eletrônicos

Um dos maiores desafios aqui é que o trabalho de fazer jogos eletrônicos é muitas vezes ocultado. A experiência que muitos de nós temos jogando é bem diferente da experiência de fazer o jogo em si. A perspectiva de cima para baixo no estúdio do *Game Dev Story* não tem equivalência no mundo real. O ato de escrever um código se tornou mistificado para muito de nós, e também a coordenação entre centenas de desenvolvedores de *software*, *designers*, artistas, roteiristas, dubladores, técnicos de áudio, e assim por diante, tornou-se ainda mais complexo. Isso ocorre antes do trabalho de desenvolvimento no estúdio estar vinculado à rede de publicação, propaganda, vendas, produção e logística nas quais a indústria confia.

Não é por acaso que detalhes da produção dos jogos eletrônicos sejam difíceis de vir à tona. Na indústria dos jogos – como na de tecnologia de forma mais ampla – há uma prevalência de acordos de confidencialidade. Esses acordos têm se tornado comuns e geralmente aceitos em parte dos contratos de trabalho, muito porque "grandes negócios gostam de operar em seus próprios termos, em jogos eletrônicos ou em qualquer lugar", mesmo que "para alguém que observa de fora, possa parecer estranho e intimidador".[181] Inicialmente, essas cláusulas de contrato eram usadas como uma forma da gerência para controlar o fluxo de informações sobre um projeto – uma prioridade particularmente importante para jogos grandes em desenvolvimento, que estão competindo com outros títulos e têm orçamentos de *marketing* enormes. No entanto, uma vez que os acordos de confidencialidade tornaram-se difundidos, tiveram um efeito colateral ao impedir que os trabalhadores falem sobre qualquer coisa relacionada aos seus trabalhos. Enquanto Marx nunca teve de lidar com contratos de confidencialidade para trabalhadores fabris, ele teria claramente desaprovado essa lei sendo usada para silenciar trabalhadores.

---

[181] Rick Lane, "A Conspiracy of Silence: How NDAs Are Harming the Games Industry", Kotaku, 25 jan. 2016. Disponível em: www.kotaku. co.uk/2016/01/25/a-conspiracy-of-silence-how-ndas-are-harming-the-games-industry.

Para ilustrar o quão importante é o controle de informações para as empresas de jogos, nós podemos nos voltar novamente ao *Assassin's Creed Syndicate*. Quando Kotaku (um *site* que geralmente cobre notícias sobre jogos eletrônicos) fez uma reportagem sobre um jogo ainda não anunciado, ele foi colocado na lista negra pela editora Ubisoft. Essa ação – junto com a Bethesda, outra grande editora a colocar Kotaku em sua lista negra – significava que esse *site* tinha o acesso negado aos jogos futuros (normalmente mandados para resenha antes do lançamento) e ao departamento de relações públicas da empresa. Como o editor-chefe da Kotaku explicou na época:

> Nós dissemos a verdade sobre (as editoras e) os jogos, às vezes de uma forma que atrapalhava algum plano de *marketing*, outras de uma forma pouco lisonjeira sobre seus produtos e condutas da empresa. As ações de ambas as editoras mostram desprezo por nós e, por extensão, por toda a imprensa de jogos. Elas prejudicaram reportagens independentes na busca de um *status quo* em que os jornalistas de jogos não são nada mais do que braços leais e maleáveis do aparelho de vendas empresarial.[182]

Se essa é a consequência do que as editoras estão dispostas a fazer para barrar informações sobre seus futuros jogos, não é, então, difícil de imaginar como esse método também pode ser usado para barrar informações sobre como os jogos estão sendo feitos. O uso do termo de confidencialidade atua como um obstáculo inicial para a pesquisa, para o compartilhamento de informações para fins de comparação e, claro, de organização.

---

[182] Stephen Totilo, "A Price of Games Journalism", Kotaku, 19 nov. 2015. Disponível em: https://kotaku.com/a-price-of-games-jour nalism-1743526293.

Como alguns desenvolvedores anônimos de jogos explicaram, "Eu perdi a conta de quantas vezes recebi uma ligação fria de recrutadores que não podiam me dizer o que o projeto realmente era, apenas que: eu ia gostar". Eles continuam: "Muitas vezes na entrevista, eu assinei um contrato de confidencialidade antes mesmo de entrar no estúdio, e às vezes, ao sair, eu não tinha nenhuma ideia para o que eles queriam realmente me contratar". É difícil imaginar ir a uma entrevista sem que se tenha dito (ou que se possa compartilhar) os detalhes do trabalho em várias outras indústrias. O nível de segurança é normalmente reservado para o trabalho de uma agência de espionagem. O fardo dos termos de confidencialidade para os funcionários continua mesmo que o trabalho atual tenha começado, como um desenvolvedor explicou: "Quando alguma grande merda está acontecendo, é estressante não ter a opinião de outros desenvolvedores fora do estúdio em que você trabalha para, para ajudar... Não só sobre o jogo, mas sobre as políticas internas".[183]

Apesar dos termos de confidencialidade poderem ser justificados para proteger aspectos específicos do trabalho, talvez dados sensíveis dos clientes ou informações de negócios, em muitos casos sejam usados em outros aspectos. O uso dos termos de confidencialidade cria, portanto, sérios problemas para os trabalhadores, porque, além de dificultar o entendimento de como funciona a indústria para quem é de fora, eles isolam os trabalhadores uns dos outros. Ele faz o ato de reclamar durante a pausa, parte integrante de vários empregos, significativamente mais difícil. Isso significa que os empregados podem ter uma dificuldade maior para lidar com os momentos de estresse. Existem histórias de desenvolvedores "trabalhando até a exaustão e sentindo-se incapazes de discutir o problema por

---

[183] Citado em Lane, "A Conspiracy of Silence".

medo de sofrer isolamento social de seus colegas ou mesmo de retaliação de seus empregadores".[184] Esse empecilho no compartilhamento de informações atua como um obstáculo para organização, uma tentativa de prevenir que alguma resistência inicial cresça. Também torna mais difícil realizar pesquisas oficiais colaborativas de condições de trabalho na indústria dos jogos eletrônicos, uma vez que o primeiro passo para se ter acesso às empresas é assinar um extensivo termo de confidencialidade – prevenindo a publicação de descobertas sem que a empresa as tenha revisado, por exemplo.

É sempre importante destacar que os termos de confidencialidade, se cumpridos, criam uma série de restrições para os trabalhadores, mas, se não cumpridos, podem ser uma grande fonte de lutas potenciais. Devemos nos lembrar que as informações vazadas pelos desenvolvedores podem agora "alcançar milhões de pessoas em poucos minutos".[185] A divulgação de informações tão cruciais – ou mesmo a ameaça de fazê-la – representa uma arma muito forte que os trabalhadores da indústria de jogos eletrônicos possuem.

Antes de entender o como, ou questionar o porquê, diferentes tipos de conflitos podem emergir dentro da indústria de jogos, nós precisamos pensar sobre o que uma investigação significaria nesse contexto. Claramente, o uso dos termos de confidencialidade tem de ser desafiado no local de trabalho, pois eles impedem os funcionários de acessarem informações e formas vitais de comunicação entre si – mas esse é sempre um problema do trabalho de forma geral, em maior ou menor extensão. Por exemplo, quando Marx segue metaforicamente o trabalhador e o capitalista até o que ele chama de "morada

---

[184] Lane, "A Conspiracy of Silence".
[185] Lane, "A Conspiracy of Silence".

oculta da produção", ele repara que um aviso na soleira da porta diz "Proibida a entrada, exceto funcionários".[186] Nós vamos ignorar esse aviso, como Marx o fez, para andar metaforicamente nos estúdios e descobrir como os jogos são feitos, assim como quem os fazem.

Os novos inspetores de fábricas

Antes de irmos para a discussão sobre como um estúdio funciona, eu quero retornar ao nosso encontro com Marx no *Assassin's Creed*. O marxismo até agora ajudou a esboçar a forma geral da indústria, mas também oferece outra, para que possamos olhar criticamente o trabalho. Apesar de poder parecer um desvio do contexto do videogame, ele fornecerá as bases de como nós podemos entender o trabalho e como os trabalhadores estão começando a se organizar.

Em seu tempo, Marx utilizou os relatórios dos inspetores de fábrica para examinar as condições dos trabalhadores. Diferentemente do jogo, Marx não precisou de um assassino ou algum outro agente para furtar os relatórios. Em vez disso, eles eram publicados e disponíveis ao público. As informações dos relatórios permitiram a Marx escrever o fantástico décimo capítulo de *O Capital*, no qual ele detalha como a duração do dia de trabalho é decidida em uma luta entre os trabalhadores e o capitalista.[187] Esse capítulo é similar ao *A situação da classe trabalhadora na Inglaterra*, de Engels – uma condenação veemente do trabalho no capitalismo.[188] Como David Harvey tem

---

[186] Karl Marx, *Capital: A Critique of Political Economy*, vol. 1. Londres: Penguin Books, 1976, 279-80.

[187] Marx, *Capital*.

[188] Friedrich Engels, *The Condition of the Working Class in England*.

dito, Marx "não seria capaz de escrever este capítulo sem informações abundantes" obtidas pelos inspetores de fábrica.[189] Isso fica evidente nos comentários do próprio Marx sobre o "cruel inspetor de fábricas Leonard Horner", "cujos serviços para a classe trabalhadora inglesa nunca serão esquecidos".[190]

Pode parecer um pouco estranho o fato de Marx confiar nesses inspetores de fábrica burgueses, ou mesmo que eles existissem naquela época. Por razões diferentes, tanto Marx como os inspetores queriam compreender o cotidiano do trabalho. Para os inspetores, tratava-se de abordar os trabalhadores da mesma forma que alguém lidaria em outras etapas da produção, como, por exemplo, garantir que o solo não seja esgotado pela agricultura. Os inspetores eram servidores civis, agindo sob ordens da estrutura capitalista – não procurando material para auxiliar sua derrocada. Marx, por outro lado, tinha motivos bem distintos para a utilização dos relatórios dos inspetores de fábrica. Ele não escreveu *O Capital* apenas para documentar as péssimas condições de trabalho. Como Harry Cleaver tem apontado, é importante lembrar "O propósito original de Marx: ele escreveu *O Capital* para colocar uma arma nas mãos dos trabalhadores".[191] Foi um livro escrito para o movimento dos trabalhadores, mas focado no capital – em vez dos trabalhadores – precisamente porque "dada a inerente mistificação do capital, a desmistificação é uma condição necessária para os

---

Oxford: Oxford University Press, 2009.

[189] David Harvey, *A Companion to Marx's Capital*. Londres: Verso, 2010, 141.

[190] Marx, *Capital*, 397.

[191] Harry Cleaver, *Reading Capital Politically*. Brighton, UK: Harvester Press, 1979, 20.

trabalhadores irem além do capital".[192] Nós podemos, portanto, começar com *O Capital* para compreender os jogos eletrônicos também, em uma tentativa de desmistificar a indústria. No entanto, como Michael Lebowitz diz, existe também um "silêncio" na maior parte d'*O Capital* quando se trata das experiências dos trabalhadores, pois propõe a explicar "a lógica do capital mas não a lógica do trabalho assalariado".[193] Apenas o capítulo dez do livro apresenta um mordaz, porém breve, foco na experiência dos trabalhadores.

Mais tarde em sua vida, Marx experimentou um caminho para ir além do silêncio notado por Lebowitz em relação a *O Capital*. Em vez dele mesmo falar sobre esse silêncio, ele publicou um chamado para uma investigação com trabalhadores num jornal francês em 1880, tentando obter resposta dos trabalhadores. Na introdução do pedido, Marx explica:

> Esperamos nos encontrar neste trabalho com o apoio de todos os trabalhadores, na cidade e no campo, que entendem que só eles podem descrever com pleno conhecimento os infortúnios dos quais eles sofrem, e que somente eles, e não salvadores enviados pela Providência, podem aplicar energicamente os remédios de cura para os males sociais dos quais são vítimas.
>
> Contamos também com socialistas de todas as escolas que, sendo desejosos de reforma social, devem desejar um exato e positivo conhecimento das condições em que a classe trabalhadora – a classe à qual o futuro pertence – trabalha e se move.[194]

---

[192] Michael A. Lebowitz, *Following Marx: Method, Critique and Crisis*. Boston: Brill, 2009, 314.

[193] Michael A. Lebowitz, *Following Marx*, 310, 314.

[194] Karl Marx, "A Workers' Inquiry", *New International* 4, n. 12, 1938, 379.

Nessa introdução, Marx se desloca da posição de *O Capital* para algo diferente. Os trabalhadores não são considerados apenas como pessoas a serem inspecionadas – ao contrário, eles são compreendidos como pessoas de ação e com poder para mudar suas próprias condições. Marx queria mais do que apenas produzir dados, ele queria fazer contato com os trabalhadores. Por exemplo, ele enfatizou que "o nome e o endereço deveriam ser dados para que, caso necessário, eles pudessem se comunicar".[195]

Tal investigação com trabalhadores é, portanto, uma análise das "lutas atuais dos trabalhadores: seu conteúdo, como se desenvolveram e para onde estão indo".[196] Essa correção foi feita para preencher o silêncio d'*O Capital* com o barulho da luta de classes, um som que vamos escutar mais de perto até o fim deste livro. As ideias de Marx sobre a investigação com trabalhadores serão tomadas novamente por socialistas posteriores.[197] Esses diferentes esforços – realizados em locais de produção em massa, fábricas de carro, trabalhos químicos e até em companhias de seguro – foram capazes de jogar luzes nas mudanças do trabalho e em como esses trabalhadores estavam resistindo e se organizando. O exemplo mais forte vem da tradição italiana do operaísmo, que foi desenhada para criar um método para compreender as condições de trabalhos atuais, como a minha própria tentativa em uma investigação em um *call center*.[198]

---

[195] Marx, "A Workers' Inquiry", 379.

[196] Cleaver, *Reading Capital Politically*, 58.

[197] Jamie Woodcock, "The Workers' Inquiry from Trotskyism to Operaismo: A Political Methodology for Investigating the Workplace", *Ephemera* 14, n. 3, 2014, 493-513.

[198] Jamie Woodcock, *Working the Phones: Control and Resistance in Call Centres*. Londres: Pluto, 2017.

A investigação com trabalhadores se tornou uma maneira de acessar, entender e de se organizar junto a eles. Uma importante diferença que se faz necessária aqui é entre o que é chamado de uma consulta "de cima" e uma consulta "desde baixo". Conduzir um estudo de fora pode ser considerado "de cima" – por exemplo, usando questionários ou preparando entrevistas. No entanto, o potencial da investigação com trabalhadores como um método vai muito além disso. A abordagem "desde baixo" significa colocar os trabalhadores em um processo de "copesquisa", quebrando a barreira entre o pesquisador e o pesquisado, conectando profundamente o processo de construção do conhecimento junto às organizações dos trabalhadores.[199]

Além das abordagens de como conduzir uma investigação, o operaísmo italiano também fornece um caminho para analisar os resultados dessas investigações. Essa é a ideia de "composição de classe". Os editores da publicação *Notes from Below* – na qual eu me incluo – atualizaram sua abordagem para expandir o conceito de composição de classe, a qual eles veem como

> [...] uma relação material com três partes: a primeira é a organização da força de trabalho em uma classe trabalhadora (composição técnica); a segunda é a organização da classe trabalhadora em uma sociedade de classes (composição social); a terceira é a auto-organização da classe trabalhadora em uma força para a luta de classes (composição política).[200]

---

[199] "Interview with Vittorio Rieser", Generation Online, 3 out. 2001. Disponível em: www.generation-online.org/t/vittorio.htm.

[200] *Notes from Below* (editores), "The Workers' Inquiry and Social Composition", *Notes from Below*, vol. 1, 29 jan. 2018. Disponível em: www.notesfrombelow.org/article/workers-inquiry-and-social-composition.

Essa abordagem expande o entendimento da composição de classes para incluir trabalhadores além dos locais de trabalho. Eu vou agora pegar essa compreensão tríplice para entender a composição de classe dos trabalhadores de jogos eletrônicos. A seção que se segue é um início de uma investigação sobre a indústria, pegando os "novos" inspetores dela, junto com um projeto de organização em andamento dos trabalhadores de jogos eletrônicos.

Composição técnica

Começando fora do local de trabalho, nós podemos delinear a dinâmica geral da indústria do videogame. Isso significa explorar todas as composições técnicas e tentar entender o processo de produção e as condições dos trabalhadores nos estúdios dos jogos eletrônicos. Na minha discussão anterior sobre a história dos jogos, um dos destaques que fiz foi o dos *hackers*, amadores, e o uso da tecnologia contra sua intenção original. Tal modelagem dos jogos eletrônicos (mudando ou adicionando algo a eles) continua sendo um componente importante de como são feitos hoje. Pessoas cujas relações com a indústria de jogos são mais próximas, mais como a de um jogador do que como a de um trabalhador formal, continuam a contribuir com o trabalho de diversas formas. Alguns dos maiores jogos – *Counter-Strike, League of Legends, Dota* 2 – começaram como *mods* [modificações] de jogos existentes antes de serem profissionalizados e ampliados. Essa forma de trabalho foi conceituada como *playbour*.[201] É uma combinação de jogar e trabalhar que sinaliza como a atividade de quem desenvolve *mods* é contraditória:

---

[201] Julian Kücklich, "Precarious Playbour: Modders and the Digital Games Industry", *Fibreculture Journal* 5, n. 1, 2005.

"simultaneamente feita voluntariamente e não remunerada, prazerosa e explorada".[202]

As raízes da modelagem continuam importantes na indústria contemporânea de jogos eletrônicos. Por exemplo, a Valve começou com *Half-Life*, que foi construído em uma versão modificada robusta do motor de jogo do *Quake 2*. Ela foi, depois, novamente modificada por Minh "Gooseman" Le, na época um estudante universitário, em colaboração com alguns colegas. O jogo que eles criaram em 1999, o *Counter-Strike*, foi posteriormente comprado pela Valve, que também contratou Le, tornando-se uma série que teve enorme sucesso global. No entanto, essa mudança do processo amador para o profissional não veio sem contratempos. O problema com o processo é que "o lazer dos *modders* está sendo mercantilizado pela indústria dos jogos", mostrando que o significado original do *playbour* era "*playbour* precarizado".[203] Dentro do escopo da indústria contemporânea, essa experiência que esteve presente no nascimento dos jogos eletrônicos está sendo cada vez mais consumida sob as demandas da indústria. O *playbour*, portanto, "continua a tradição da cultura *hacker* na qual os jogos floresceram, transformando-se de uma arte esotérica para uma capacidade mais geral de autoprodução, colaboração em rede e auto-organização".[204]

Em paralelo a esse trabalho não remunerado que contribui com os jogos, há uma gama de trabalhos remunerados que estão, muitas vezes, escondidos também. Com a escala de pro-

---

[202] Tiziana Terranova, "Free Labor: Producing Culture for the Digital Economy", *Social Text* 18, n. 2, 2000, 32.

[203] Kücklich, "Precarious Playbour".

[204] Nick Dyer-Witheford e Greig de Peuter, Games *of Empire: Global Capitalism and Video Games*. Minneapolis e Londres: University of Minnesota Press, 2009, 27.

dução atingindo um nível global, a terceirização do trabalho tornou-se particularmente prevalente. Essa é "uma faceta menos visível da globalização da produção de jogos", que inclui "tarefas que são realizadas fora" bem como "portabilizar" jogos já existentes para novas plataformas, programação e trabalhos de arte sob encomenda.[205] Isso envolve novas divisões do trabalho, levando tarefas menos rentáveis ou aspectos mais rotineiros de desenvolvimento para outras partes do mundo. Esse tipo de trabalho escondido não material é realizado pelos "trabalhadores abaixo da linha". No Hemisfério Norte, a linha os separa dos aspectos mais "glamourosos" dos desenvolvedores de jogos, que dependem do trabalho deles.[206] Isso envolve trabalhos como testar jogos, que, apesar de, em teoria, soar como algo que muitos gostariam de fazer quando crianças, é muito menos glamouroso e repetitivo, necessário para garantir que o jogo finalizado esteja pronto. Muitas vezes os trabalhadores "esperam participar do clube dos acima da linha", aceitando precárias condições de trabalho e baixas remunerações com a promessa de uma futura promoção.[207] Como um trabalhador explicou:

> Eu era um testador de garantia de qualidade na Rockstar, e o que era pior, nós trabalhávamos 72 horas por semana. Eu fui um dos infelizes que trabalhavam no turno da noite. O turno era das 8 horas da noite às 8 da manhã, seis dias por semana, testando o *Grand Theft Auto*. Era horroroso. Eu não vi a luz do dia por meses. Isso era considerado como requisito, e se você tivesse proble-

---

[205] Dyer-Witheford e de Peuter, *Games of Empire*, 50.

[206] Ergin Bulut, "Glamor Above, Precarity Below: Immaterial Labor in the Video Game Industry", *Critical Studies in Media Communication* 32, n. 3, 2015, 203.

[207] Bulut, "Glamor Above, Precarity Below", 203.

mas com isso, lhe diziam: "Bem, você pode empilhar prateleiras na Tesco ao invés disso, ou atender telefonemas num call center". Você era tratado como dispensável.[208]

As formas de trabalho "abaixo da linha" são geradas de diversas maneiras. Por exemplo, o crescimento da importante área de publicidade e vendas, na qual as editoras competem em um mercado ainda mais competitivo do que o de jogos, um *"pink collar* solidificado", com mais de 85% dos trabalhadores de relações públicas do sexo feminino. No entanto, contrastando com a maneira como os jornalistas são respeitados pelo seu trabalho criativo, publicitários têm sido comumente identificados como "charlatões" que são "uma traiçoeira e crescente ameaça ao jornalismo e à democracia".[209] A natureza do trabalho envolve organizar coletivas de imprensa, gerenciar mídias sociais, planejar eventos, e por aí vai, tudo isso depende da construção de relacionamentos. O processo de trabalho em relações públicas implica, portanto, "uma certa sobreposição de relacionamentos pessoais e profissionais" que "não é apenas desejável, mas ideal".[210] Diferentemente da paixão que existe muitas vezes nos trabalhadores da indústria de jogos, no seu cerne, as relações públicas envolvem um "entusiasmo por um produto não pela paixão, mas porque se está sendo pago".[211] É um tipo de traba-

---

[208] Ian G. Williams, "Crunched: Has the Games Industry Really Stopped Exploiting Its Workforce?", *Guardian*, 18 feb. 2015. Disponível em: www.theguardian.com/technology/2015/feb/18/crunched-games-industry-exploiting-workforce-ea-spouse-software

[209] Jennifer Pan, "Pink Collar", *Jacobin*, 14, 2014. Disponível em: www.jacobinmag.com/2014/06/pink-collar/.

[210] Pan, "Pink Collar".

[211] Pan, "Pink Collar".

lho emocional ou afetivo, no qual o publicitário se esforça para atrair atenção para o seu produto. Isso tem levado a críticas de jornalistas sobre a "falsidade" da publicidade – na qual os trabalhadores podem mesmo não *sentir* algo verdadeiramente fortemente sobre o produto ou sobre o jogo como eles dizem. Em uma indústria que coloca tanta ênfase na paixão, "o coração calado da (jornalista) crítica é a falha de parte dos publicitários em ocultar adequadamente que eles estão realizando trabalhos emocionais por dinheiro".[212] Porém, sem esse trabalho, os jogos eletrônicos poderiam passar despercebidos, apesar da qualidade do trabalho colocado na fase de desenvolvimento.

Outro aspecto desse tipo de trabalho relacional ou emocional é encontrado no trabalho necessário para a manutenção de comunidades de videogame, com mais mulheres, provavelmente, trabalhando nessa área do que na de desenvolvimento.[213] Tal trabalho inclui suporte e fóruns *online*, avisos, encontros, convenções, e assim por diante. Por exemplo, o gerenciamento de comunidade tem crescido significativamente enquanto as empresas reconhecem a importância delas para a sustentabilidade a longo prazo dos jogos eletrônicos. O trabalho "depende bastante do domínio da língua nativa, do conhecimento cultural, das habilidades interpessoais, da experiência e do conhecimento de jogos".[214] Espera-se que os trabalhadores gerenciem a comunidade, compreendendo as necessidades e demandas de seus membros bem como o gerenciamento de expectativas. Em

---

[212] Pan, "Pink Collar".

[213] Aphra Kerr e John D. Kelleher, "The Recruitment of Passion and Community in the Service of Capital: Community Managers in the Digital Games Industry", *Critical Studies in Media Communication* 32, n. 3, 2015, 190.

[214] Kerr e Kelleher, "The Recruitment of Passion and Community", 190.

um jogo *online*, pode envolver assegurar que os jogadores estejam felizes durante o jogo, e que sejam mantidos informados sobre o calendário de atualizações que mudam aspectos dos jogos. Pode significar mediar disputas, críticas, crises, além de garantir que os membros das comunidades sintam-se ouvidos. O que é particularmente importante para os jogos *online*, em torno dos quais as comunidades ativas são formadas. Gerenciadores de comunidades têm de usar suas habilidades para "mediar uma gama de problemas de comportamento dos usuários", garantindo que uma comunidade saudável esteja desenvolvida e sustentada. Isso envolve "paixão, senso de comunidade e relacionamento social *online*", características que são "empregadas diretamente no recrutamento e na lógica da produção cultural" e, portanto, cruciais para inúmeros jogos.[215] Porém, apesar da importância desse papel, "sua criatividade, traduções, relatórios e habilidades de gerenciamento são subvalorizados, enquanto flexibilidade e instabilidade são comuns".[216]

Se existe uma linha entre os diferentes tipos de trabalhos imateriais, é muito importante lembrar que existe outra que os separa dos trabalhos braçais. Essa linha é maior e ainda mais obscura que aquela entre os imateriais já que os trabalhos abaixo dependem de um "trabalho extremamente braçal, bem distante dos estúdios de jogos, em fábricas de eletrônicos, lixões eletrônicos e minas de tantalita".[217] Os jogos eletrônicos, para computador ou para videogame, necessitam que *hardwares* sejam produzidos para serem jogados, que dependem de uma produção física e rede de logística. Isso envolve trabalhos que são "industriais e cruamente braçais: extrusão de plásticos e

---

[215] Kerr e Kelleher, "The Recruitment of Passion and Community", 190.

[216] Kerr e Kelleher, "The Recruitment of Passion and Community", 191.

[217] Dyer-Witheford e de Peuter, *Games of Empire*, 5.

chapas de metais para o revestimento dos consoles, cabos de conexões, instalação de placas de circuito, acoplagem de materiais e verificação de fluxo de produção".[218] As condições nas quais cada *hardware* é produzido são profundamente exploratórias, como os *dagongmei* na China, como detalhados por Pun Ngai,[219] em uma situação muito mais similar com a dos trabalhadores industriais d'*O Capital* de Marx do que com a dos trabalhadores de um estúdio de jogos ou de um espaço de trabalho de tecnologia em universidades.[220]

Mesmo o ambiente em um estúdio de jogos sendo bem diferente, ele ainda é um local de exploração. Apesar das dificuldades dos contratos de confidencialidade fazerem com que os estúdios sejam difíceis de acessar, detalhes gerais podem ser coletados de pesquisas com desenvolvedores, nas quais os dados sugerem condições de trabalhos estáveis, mas uma precariedade geral normalmente escondida por trás disso.

Uma pesquisa de 2017 publicada pela International Game Developers Association (IGDA) auxiliou a identificar características-chave da indústria de jogos (a pesquisa teve foco internacional, mas foi bastante caracterizada por respostas de dentro dos Estados Unidos). Por exemplo, mostra que 30% dos empregados trabalhavam em empresas que empregavam de cento e uma a quinhentas pessoas e 18% em empresas com mais de quinhentos funcionários. O restante trabalhava em estúdios médios, com de onze a cinquenta funcionários (22%), e

---

[218] Dyer-Witheford e de Peuter, *Games of Empire*, 77.

[219] Pun Ngai, *Labour in China: Post-Socialist Transformations*. Cambridge, MA: Polity, 2016.

[220] Bernard Girard, *The Google Way: How One Company Is Revolutionizing Management as We Know It*. São Francisco: No Starch Press, 2009.

estúdios pequenos, com menos de dez funcionários (18%). Os números mostram que não existe um único tipo de local de trabalho. Dentro do amplo leque de grandes empresas e pequenos estúdios independentes, o tamanho das equipes de desenvolvimento varia também: a pesquisa revela que 24% das equipes de desenvolvimento têm mais de cinquenta pessoas, 31% têm entre onze e cinquenta e 45% têm dez ou menos.[221]

Em termos de remuneração, trabalhadores da indústria relatam rendimentos médios relativamente altos. A maioria dos trabalhadores (54%) recebe mais de 50 mil dólares em um ano, com 15% deles recebendo entre 75 mil e 100 mil nesse mesmo período. Além disso, houve uma prevalência de bônus e outras formas de remuneração. Pagamentos em prestação única foram recebidos por 40% dos trabalhadores, capitais da empresa por 24% e *royalties* pelo sucesso do jogo por 20%.

A amostra indicou que a maioria dos trabalhadores tinha contratos permanentes (70%), e apenas 3% tinham contratos temporários. Além desses grupos, 19% eram autônomos e 8% trabalhavam com contratos independentes ou como *freelancers*. A esmagadora maioria (89%) trabalhava em tempo integral. No entanto, esses dados podem indicar enganosamente um cenário melhor do que é na realidade. Apesar do fato de 70% dos trabalhadores em contratos permanentes poder sugerir estabilidade no trabalho, esses entrevistados tiveram 2,2 empregos em média nos últimos cinco anos, enquanto os de contrato independente e *freelancers* tiveram 3,6 e os autônomos 2,9.[222] É

---

[221] Johanna Weststar, Victoria O'Meara e Marie-Josée Legault, Developer Satisfaction Survey 2017 Summary Report, International Game Developers Association, 2018, 22.

[222] Weststar, O'Meara e Legault, Developer Satisfaction Survey 2017 Summary Report, 19.

possível deduzir, portanto, que os que da categoria em que se esperaria mais estabilidade (contratos permanentes) estão experienciando, surpreendentemente, uma rotatividade alta, enquanto outros em categorias em que se esperaria maior flexibilidade (contratos independentes, autônomos e *freelancers*) têm, surpreendentemente, mais estabilidade. Isso implica que pode haver problemas "sobre a classificação incorreta e mau uso dos termos 'contratos independentes e freelancer'" enquanto as empresas "podem estar contornando as definições de *freelancer* ou contratos independentes para contratar funcionários de verdade ao passo que evitam situações regulamentadas e custos nas folhas de pagamento".[223]

Dentro desses estúdios, os trabalhadores que fazem jogos não estão sentados em suas mesas enquanto ícones aparecem sobre suas cabeças, como em *Game Dev Story*. Mas eles são, em grande parte, um pouco parecidos com a imagem estereotipada dos trabalhadores de jogos: "jovens, predominantemente homens, sábios tecnicamente, céticos com relação a ternos, fora da tradição sindical e ideologicamente em proporções variadas, libertários, empreendedores e idealistas".[224] O tipo de trabalho sendo realizado hoje mostra, e tem historicamente mostrado, uma "inteligência *hacker* difícil de controlar, de um novo tipo de trabalhador intelectual, trabalho imaterial, vital a essa nova fase de expansão capitalista".[225] Esse trabalho imaterial (que obviamente depende de outras formas de trabalho material) é particularmente importante para entender o trabalho com os jogos eletrônicos.

---

[223] Weststar, O'Meara e Legault, Developer Satisfaction Survey 2017 Summary Report, 32.

[224] Nick Dyer-Witheford e Greig de Peuter, *Games of Empire*, 27.

[225] Dyer-Witheford e de Peuter, *Games of Empire*, XXIX.

Para a indústria dos jogos, o uso e a manipulação de informação é vital, embora sempre tenha sido uma importante parte da produção. Como Manuel Castells observou: "Conhecimento e informação são elementos críticos nos modelos de desenvolvimento, uma vez que o processo de produção é sempre baseado em algum nível de conhecimento e no processamento de informações".[226] Tal fenômeno foi apontado pelo engenheiro estadunidense Frederick Taylor, que, operando a perspectiva do capital, desenvolveu a teoria da administração científica por meio de uma série de estudos de "tempos e movimentos". Taylor observou que os "gerentes assumem... O fardo do concentrar todos os conhecimentos tradicionais que no passado estavam em posse dos trabalhadores".[227] Ele mesmo levou a cabo esse processo de roubo do conhecimento – gerentes roubando de trabalhadores – durante seus experimentos na Midvale Steel Company, onde, enquanto ele trabalhou em torno das máquinas, tentou compreender o processo de trabalho do chão da fábrica.

A importância da informação no trabalho é, portanto, anterior à ascensão do trabalho imaterial contemporâneo. Para Romano Alquati, a importância da informação era dupla: primeiro como "controle de informação", análogo ao conhecimento roubado do taylorismo citado acima; e, segundo, como informação "que constitui um legado coletivo da classe trabalhadora... informação produtiva, simplesmente".[228] É esse o tipo

---

[226] Manuel Castells, *The Rise of the Network Society*. Oxford: Blackwell, 2000, 17.

[227] Frederick W. Taylor, *The Principles of Scientific Management*. Nova York: Norton, 1967, 36.

[228] Romano Alquati, *Sulla FIAT e altri scritti*. Milão: Feltrinelli, 1975, 51. Citado em Devi Sacchetto, Emiliana Armano e Steve Wright,

de informação que o capital tenta submeter e colocar em uma forma. Tal transformação da informação em valor é uma tarefa complicada para o capital em um estúdio de jogos.

Como foi dito anteriormente, os jogos eletrônicos se desenvolveram de uma cultura *hacker* em que seus desenvolvedores trouxeram com eles a "recusa ao trabalho: eles opuseram o lazer, o hedonismo e a irresponsabilidade à disciplina, ao 'bater ponto,' e à produtividade".[229] Colocar essa cultura *hacker* para trabalhar é algo complicado para os empregadores, porque ela contém esse sentimento antitrabalho. Essa tensão cria uma contradição no cerne da composição técnica do trabalho. Empregadores tentam capturar a criatividade dessa cultura subversiva, mas "essa captura não é perfeita; as capacidades que fazem o *playbour* produtivo também o fazem problemático".[230] O desenvolvimento de *software* é "até certo ponto, uma ocupação intelectual e criativa exigente", e por isso tem de envolver um equilíbrio entre controle e autonomia.[231] Não é possível controlar e regular completamente o trabalho de desenvolvimento de *software* sem sufocar o processo de produção, o que signifi-

---

"Coresearch and Counter-Research: Romano Alquati's Itinerary Within and Beyond Italian Radical Political Thought", *Viewpoint*, 27 set. 2013. Disponível em: https://www.viewpointmag.com/2013/09/27/coresearch-and-counter-research-romano-alquatis-itinerary-within-and-beyond-italian-radical-political-thought.

[229] Dyer-Witheford e de Peuter, *Games of Empire*, 27.

[230] Dyer-Witheford e de Peuter, *Games of Empire*, 27.

[231] Nathan Ensmenger e William Aspray, "Software as Labor Process", in *History of Computing: Software Issues – International Conference on the History of Computing*, Ulf Hashagen, Reinhard Keil-Slawik e Arthur L. Norberg (editores). Paderborn, Germany: Heinz Nixdorf Museums Forum, 2002, 157.

ca que alternativas e resistência de vários tipos ainda precisam ter espaço neste meio. O gerenciamento do trabalho imaterial envolve a necessidade do capital de "equilibrar" a "necessidade insaciável de um fluxo de ideias inovadoras com o imperativo igualmente forte de obter o controle sobre a propriedade intelectual" e dos trabalhadores.[232]

Agora que esse pano de fundo para os estúdios de jogos eletrônicos foi esboçado, nós podemos identificar três fatores que moldam o ambiente de trabalho. Primeiro, o processo de trabalho pode ser complexo e profundamente interconectado, sem necessariamente ter as descrições e funções claramente definidas. Isso pode tornar difícil uma demarcação nítida de gerenciamento e trabalho, principalmente aos indivíduos que não se enxergam como compradores e vendedores de força de trabalho. Segundo, nesse tipo de trabalho criativo, pode não haver formas estabelecidas de trabalho com limites definidos, significando que a noção tradicional de barganha de esforço salarial pode não ser efetiva. Terceiro, o próprio ambiente de trabalho pode ser menos determinado, sem os prazos rígidos e distinções entre brincar e trabalhar.[233]

Em um nível básico, a maioria dos jogos eletrônicos requer alguma combinação das seguintes funções: *designer*, que concebe o jogo; artista, que cria os aspectos visuais; programador, que desenvolve o *software* do jogo, codificando e integrando diferentes partes; *designer* de fases, que cria não somente as fases

---

[232] Ursula Huws, "Expression and Expropriation: The Dialectics of Autonomy and Control in Creative Labour", Ephemera 10, n. ¾, 2010, 504.

[233] Damian O'Doherty and Hugh Willmott, "The Decline of Labour Process Analysis and the Future Sociology of Work", Sociology 43, n. 5, 2009, 931-51.

mas também seus desafios e tudo mais; engenheiro de som, que desenvolve os elementos de áudio, que podem incluir a contribuição de vozes de atores e compositores; e *play-tester*, que é necessário para garantir que um jogo funcione e que sua qualidade é consistente antes do lançamento. Para um desenvolvedor independente, essas funções podem ser desempenhadas por uma só pessoa, enquanto que para o desenvolvimento de jogos AAA, pode haver centenas de pessoas entre essas diferentes funções.

O potencial do desenvolvimento de *softwares* é realizado sob as restrições das relações de produção do capitalismo. Isto significa que o tipo de *software* que nós adquirimos é delineado pela forma que ele é feito e sob certas condições. Ao longo da história do desenvolvimento de *softwares*, desde o início, o capital tem lutado para achar um jeito efetivo de administrar os desenvolvedores. Os trabalhadores começaram com uma relativa posição de poder e autonomia contra o capital, mas a relação de poder mudou ao longo do tempo. Devido à grande demanda por desenvolvedores de *software* no início, muitos tinham a liberdade de trocar de trabalho e procurar salários melhores. Dos anos 1970 em diante, "vários administradores de empresas... Estavam ansiosos demais para implementar novas tecnologias e metodologias de desenvolvimento que prometiam eliminar o que eles viam como uma perigosa dependência do trabalho de programação", enquanto os trabalhadores não criavam as instituições ou estruturas, como os sindicatos, que outras profissões tinham.[234] No contexto de desenvolvimento de *software*, Philip Kraft argumentou que os trabalhadores passavam por um processo de "colapso, simplificação, rotina e padronização", eles trabalhavam ordenadamente para que seus

---

[234] Ensmenger e Aspray, "Software as Labor Process", 150.

trabalhos pudessem ser finalizados por "máquinas em vez de pessoas".[235] Essa reivindicação, feita quase quarenta anos atrás, explica as contínuas tentativas do capital de reduzir sua dependência da mão de obra no campo digital reduzindo o nível médio de habilidade necessária. Da mesma forma, Joan Greenbaum argumenta que o "desenho dos sistemas de informações hoje é construído em uma base de divisões do trabalho anteriores" inspirado na teoria da administração científica de Taylor.[236]

A utilização do taylorismo, ou, ao menos, a padronização do desenvolvimento de *softwares* em jogos eletrônicos, envolveu investimentos de capital em larga escala e uma intensa divisão do trabalho. Dentro desse processo "o papel criativo dos *designers* e desenvolvedores enfrenta os imperativos econômicos ou a eficiência de produção em um mercado competitivo, refletido nas demandas dos editores e produtores de consoles e incorporado em tecnologia".[237] A maioria dos jogos eletrônicos não é feita a partir do zero, em vez disso, desenvolvedores os criam com base em motores de jogos já existentes usando algo chamado *middleware*.[238] Isso "facilita o processo de desenvol-

---

[235] Philip Kraft, *Programmers and Managers: The Routinization of Computer Programming in the United States*. Nova York: Springer-Verlag, 1977, 26.

[236] Joan Greenbaum, "On Twenty-Five Years with Braverman's Labor and Monopoly Capital", *Monthly Review* 50, n. 8, 1999.

[237] Graham Kirkpatrick, *Computer Games and the Social Imaginary*. Cambridge: Polity, 2013, 104.

[238] N. da E.: *Middleware* é o software que se encontra entre o sistema operacional e os aplicativos nele executados. Funcionando de forma essencial como uma camada oculta de tradução ele possibilita a comunicação e o gerenciamento de dados para aplicativos distribuídos. Um dos objetivos com o seu uso é fornecer um modelo de programação

vimento do jogo, oferecendo módulos de programação padronizado", também conhecidos como *kits* de desenvolvimento de *softwares* (ou SDKs).[239] Como Graeme Kirkpatrick observou, o uso da tecnologia no trabalho do desenvolvimento de jogos envolve três processos relacionados. O primeiro é um tipo de padronização que direciona as possibilidades criativas para a construção de jogos. O uso desses padrões sugere "possivelmente um imperceptível efeito de inibir as ideias próprias dos programadores acerca de qual direção o jogo pode tomar, os tipos de evento que pode incluir e até mesmo seu conceito central".[240] O segundo é o uso desses *kits* para racionalizar o processo de trabalho, segmentando-os em partes claramente delineadas. O uso de componentes de *softwares* padronizados significa que o processo de trabalho se tornar mais facilmente comparável e mensurável, abrindo-o para um foco maior e para especialização. O terceiro é que esses *kits* resultam em uma desqualificação generalizada. Não há mais necessidade de um trabalhador compreender o projeto inteiro do jogo; eles precisam saber apenas aspectos "especificados por componentes como o SDK". Isso facilita também os aspectos para o processo de terceirização dos trabalhos.[241]

A experiência de trabalhar nesses grandes estúdios de desenvolvimento mostra como o processo de produção se torna cada vez mais complexo – espelhando-se nas experiências dos trabalhadores de várias outras indústrias e em como elas se desenvolveram. Como demonstrou Maxime Beaudoin, desenvolvedor que inicialmente acreditava que seus "sonhos tinham

---

mais produtivo para os programadores, mascarando.

[239] Kirkpatrick, *Computer Games and the Social Imaginary*, 104.

[240] Kirkpatrick, *Computer Games and the Social Imaginary*, 106.

[241] Kirkpatrick, *Computer Games and the Social Imaginary*, 106.

se tornado realidade" quando foi contratado para trabalhar no *Assassin's Creed Syndicate*:

> Depois de alguns meses, o *Syndicate* começou pra valer. A equipe aumentava cada vez mais enquanto entrávamos na produção. Para mim, esta é a raiz de todos os problemas dos jogos AAA: equipes enormes. Muitas pessoas. O *Syndicate* foi criado com a colaboração de dez estúdios ao redor do mundo. Enquanto uns vão dormir em um estúdio, está amanhecendo em outro.
>
> Com tantas pessoas, o que ocorre naturalmente é a especialização. Tem muito trabalho a fazer, e ninguém consegue controlar todos os sistemas dos jogos. Então, as pessoas se especializam, não há outra forma. Pode ser comparado a uma linha de produção em uma fábrica automotiva. Quando as pessoas compreendem que elas são uma parte substituível numa linha enorme de produção, você pode imaginar o impacto em sua motivação.
>
> Sendo um arquiteto, eu tinha visão muito ampla sobre todos os desenvolvimentos técnicos no projeto. Isso pode soar legal, porém tinha suas desvantagens também. Quanto mais você sobe na hierarquia, menos impacto concreto você tem no jogo. Ou você é um peão que trabalha em uma parte minúscula do jogo ("Está vendo aquele poste? Eu coloquei ali!"), ou você é um diretor do alto escalão que escreve *e-mails* e vai a reuniões ("Está vendo esta estrada cheia de postes? Eu a aprovei"). Ambas as posições são ruins por diferentes razões. Não importa qual a sua tarefa, você não tem uma contribuição significante no jogo. Você é uma gota num copo d'água , e a partir do momento que você percebe isso, sua autonomia se evapora. E sem autonomia não há motivação.[242]

---

[242] Maxime Beaudoin, "Why I Quit My Dream Job at Ubisoft", Gingear Studio, 21 jan. 2016. Disponível em: http://gingearstudio.com/why-i-quit-my-dream-job-at-ubisoft.

Esse relato do *Assassin's Creed* reflete inúmeros dos problemas-chave já identificados por analistas da indústria. O primeiro é que a produção de jogos eletrônicos tornou-se profissionalizada – "firmas e trabalhadores cresceram" e "moveram-se da garagem para tornarem-se maiores, mais estruturados e mais administrados".[243] Para o processo do trabalho, isso significa que o desenvolvimento de jogos se transformou em uma "linha de produção", com trabalhadores "adestrados" para tarefas específicas.[244] O resultado é um processo de trabalho mais regulamentado e gerenciado em que os trabalhadores perderam a liberdade criativa que tinham anteriormente. No entanto, a administração ainda enfrenta problemas com a padronização do trabalho no estúdio como "nenhum projeto se assemelha a outro", tendo cada um suas diferenças.[245]

Essas mudanças também foram apontadas por um outro desenvolvedor, Jean-François Gagné, nas suas recordações sobre trabalhar no *Assassin's Creed*:

> Basicamente, eu não sabia mais como fazer outra coisa. Eu trabalhei nos seis jogos do *Assassin's Creed*. Era o que eu estava fazendo desde Brotherhood, AC, AC, AC e jogos da série AC ... Eu realmente sei como fazer jogos da série AC, mas era isso! Quando você está fazendo a mesma coisa durante anos e anos... Você esquece qualquer outra coisa.

---

[243] Paul Thompson, Rachel Parker e Stephen Cox, "Interrogating Creative Theory and Creative Work: Inside the Games Studio", *Sociology* 50, n. 2, 2015, 323.

[244] Thompson, Parker e Cox, "Interrogating Creative Theory", 342.

[245] Christina Teipen, "Work and Employment in Creative Industries: The Video Games Industry: Germany, Sweden and Poland", *Economic and Industrial Democracy* 29, n. 3, 2008, 322.

Outra coisa que é "chocante" em grandes projetos como *Syndicate* são as camadas de gerentes. Do estagiário ao diretor de criação, você tem camadas e camadas de gerências, lideranças, gerentes de projetos, produtores associados, produtores, coordenadores, gerentes de produção etc. Haviam também outros gerentes para gerenciar gerentes, porque eles eram muitos. Isso era muito maluco Nós tínhamos pessoas que estavam apenas monitorando informações entre estúdios Era o que elas faziam oito horas por dia. Enviando informações de um estúdio a outro. Muitos chefes eu devo dizer.[246]

Esses projetos em larga escala enfrentam as mudanças finais mais acentuadas que os trabalhadores encontram no processo de trabalho – a pressão para cumprir os prazos dos projetos e garantir que os significativos investimentos em capital continuem a render lucros.

Tanto Jean-François Gané quanto Maxime Beaudoin, pelas suas respostas, estavam procurando outra forma de fazer jogos eletrônicos. Deve-se lembrar que essa é uma opção disponível para muitos trabalhadores da indústria, já que eles são aptos para agir "como agentes intencionais, preparados para usar a grande escassez de habilidades no mercado de trabalho para mudar para outras empresas, setores (como TI) ou atividades menores".[247] Como Beaudoin explicou, "Para mim, tornar-se independente também significa que eu posso trabalhar em atividades não técnicas. Eu gosto de tecnologia, mas eu também amo os aspectos criativos dos jogos… Jogabilidade, visual, sons,

---

[246] Jean-François Gagné, "Inside vs Outside AAA", A blog about games and maybe other stuff, 26 jan. 2016. Disponível em: https://jfgnord. wordpress.com/2016/01/26/inside-vs-outside-aaa/.

[247] Thompson, Parker, and Cox, "Interrogating Creative Theory", 328.

ambientação... Toda a experiência. Apenas jogos independentes vão me deixar cobrir todos os aspectos do processo de criação".[248] Portanto, a possibilidade de "tornar-se independente" dá a oportunidade, para alguns trabalhadores, de escapar dessa dinâmica de gerenciamento. Entretanto, também os coloca em uma situação menos segura como um trabalhador autônomo – ou donos de pequenas empresas – em uma indústria incrivelmente competitiva.

O controle de gestão desses grandes projetos de jogos deveria resultar em empregos mais estáveis, porém a enorme escala do desenvolvimento de jogos torna os projetos cada vez mais difíceis de gerenciar, resultando em situações caóticas em que os empregos não são seguros. A história por trás do jogo *Destiny* fornece um exemplo ilustrativo. O processo de desenvolvimento envolveu uma equipe grande de roteiristas que desenvolveram uma história complexa para o título que seria lançado. No entanto, após uma exibição de uma "compilação" – um vídeo que cobria os aspectos-chaves da história – a diretoria sênior decidiu descartar a versão inicial da história e, a apenas um ano do lançamento, o estúdio teve que fazer uma reforma completa. Isso levou a um jogo bizarro e amplamente criticado, cuja narrativa mutilada apresentou um personagem dizendo: "Eu não tenho tempo de explicar o porquê eu não tenho tempo pra explicar". Tendo sido reconstruído de acordo com as necessidades da diretoria, o enredo tinha pouca semelhança com o que o estúdio tinha originalmente planejado. Claro, contratos de confidencialidade têm ocultado muito dessa história, mas, pelo que nós sabemos, indica o caminho pelos quais cronogramas rígidos podem criar grandes dificuldades no gerenciamento da

---

[248] Beaudoin, "Why I Quit my Dream Job at Ubisoft".

produção de jogos eletrônicos.[249] No início de um processo de desenvolvimento típico, a gestão estabelece "controlar, de uma forma bem previsível, o resultado de um processo de produção complexo e potencialmente caótico".[250] O resultado geralmente não é o esperado ou o planejado, significando que a gestão fica sob uma pressão crescente para atingir as metas no prazo. Ao final dos projetos, isso pode significar, também, que desenvolvedores sejam demitidos, mesmo que eles sejam futuramente readmitidos para uma próxima fase do projeto.

Em um caso, o estúdio Ready At Dawn terminou de fazer *God of War: Ghost of Sparta* e, antes de passar para o *The Order: 1886*, despediu treze desenvolvedores. Seis meses depois eles foram readmitidos para as mesmas posições. O motivo dessa dispensa cíclica é "simples, de acordo com um ex-funcionário... A equipe de desenvolvimento não precisa daquelas pessoas para a pré-produção – o período de tempo no qual os conceitos básicos dos jogos são desenhados e conceitualizados – então a Sony, a editora, não os pagaria".[251] Esses relatos de pressão extrema e de luta para cumprir vários prazos simultâneos e caóticos de gestão são a norma nos processos de desenvolvimento desses jogos.

---

[249] Jason Schreier, "The Messy, True Story behind the Making of Destiny", Kotaku, 20 out. 2015. Disponível em: https://kotaku.com/the-messy-true-story-behind-the-making-of-destiny-1737556731.

[250] Dyer-Witheford e de Peuter, *Games of Empire*, 59.

[251] Jason Schreier, "Why Game Developers Keep Getting Laid Off", Kotaku, 5 jun. 2014. Disponível em: www.kotaku.co.uk/2014/06/05/game-developers-keep-getting-laid.

Momentos críticos

Trabalhe tarde, vá para casa, durma estando estressado com *bugs* e sonhe com codificação, volte ao trabalho e repita essa operação.[252]

O problema das longas horas de trabalho, conhecido como "momentos críticos" veio à tona pela primeira vez em 2004. Em uma famosa carta aberta, a esposa de um desenvolvedor da EA (Eletronic Arts) explicou a realidade dessa prática de trabalho generalizada:

> Meus demais trabalhos significativos para a Electronic Arts e o que você pode chamar de esposa insatisfeita.
>
> Nossa aventura com a Electronic Arts começou há menos de um ano. O pequeno estúdio de jogos para o qual meu marido trabalhava faliu em decorrência de um jogo sujo por parte de uma grande editora – outra história comum. A EA ofereceu à ele um emprego, os salários eram corretos e os benefícios eram bons, então meu marido aceitou. Eu me lembro de terem perguntado a ele em uma das entrevistas: "Como você se sente em relação a trabalhar por várias horas?". Isso é apenas uma parte da indústria dos jogos – poucos estúdios podem evitar crises e prazos apertados, então não pensamos em nada disso. Quando perguntou mais especificamente o que significava "trabalhar por várias horas" os entrevistadores desconversaram e passaram para a próxima pergunta, agora sabemos o motivo...
>
> Agora, o que parece, é a crise "real", aquela para a qual um dos produtores deste título sabiamente preparou seu time, levando-os à exaustão antecipadamente. O tempo de trabalho obrigatório é das 9 horas da manhã até as 10 da noite – sete dias por semana – com noites de sábado ocasionalmente livres por bom compor-

---

[252] Programador anônimo, citado em Ian G. Williams, "Crunched".

tamento (a partir das 6h30 da noite). Isso equivale a uma semana de trabalho de 85 horas. As reclamações de que essas várias horas extras, combinadas com a fadiga existente da equipe, resultariam em vários erros e em um desperdício ainda maior de energia, foram ignoradas.

E a cereja do bolo: pela honra desse tratamento, os assalariados da EA não recebem: a) horas extras; b) banco de horas (que significa que qualquer hora gasta durante o tempo de folga para resolver uma crise acarreta em dias de folga depois do produto enviado) c) nenhum adicional por doença ou férias. O tempo simplesmente vai embora.

As horas estendidas eram deliberadas e planejadas; a gestão sabia o que eles estavam fazendo, e eles o fizeram. O amor da minha vida chega em casa tarde da noite reclamando da dor de cabeça que não passa e com o estômago cronicamente desregulado, e meu sorriso feliz de apoio está acabando.

E, se eles precisarem, contratam uma nova safra, fresca e pronta para ouvir mais promessas que não serão cumpridas; a taxa de rotatividade de engenheiros na EA é de aproximadamente 50%. É assim que a EA funciona.

Se eu pudesse falar ao telefone com o CEO da EA, Larry Probst, eu gostaria de perguntar a ele algumas coisas. "Qual o seu salário?" seria apenas uma curiosidade. O que mais me interessa saber é, Larry: você percebe o que está fazendo com as pessoas, certo? E você percebe que elas SÃO pessoas, com limites físicos, vida emocional e família, certo? Com vozes, e talento, e senso de humor, e tudo isso? Que quando você mantêm nossos maridos, e esposas, e filhos no escritório noventa horas por semana, mandando-os para casa exaustos, atordoados e frustrados com suas vidas, não é só a eles que vocês estão machucando, mas a todos em volta deles, todos que os amam? Quando você faz seus cálculos de lucros e suas análises de custo você sabe que grande parte deste custo é pago brutalmente em dignidade humana, certo?[253]

Nessa questão pessoal de estar em um relacionamento com alguém trabalhando por tantas horas, as implicações na prática tornam-se severamente claras. O uso do contrato de confidencialidade significou que a "Esposa EA" teve que permanecer anônima em um primeiro momento para revelar as condições de trabalho do seu marido. (Ela foi posteriormente exposta). No entanto, "tornou-se claro, muito rápido, que a coisa mais chocante sobre a história da Esposa EA foi que, dentro da indústria, não foi nada chocante. Era apenas como as coisas funcionavam".[254] Por exemplo, em uma pesquisa realizada no mesmo ano, descobriu-se que apenas 2,4% dos entrevistados que trabalhavam em estúdio não tinham participado de períodos críticos.[255]

O resultado de toda essa publicidade negativa causada pela carta foi uma ação coletiva jurídica pelos bancos de horas não pagos, que foi estabelecido em 15 milhões de dólares. Seguido de outro em 2006, estabelecido em 14,9 milhões. No entanto, nesses acordos, a EA "se apoiava em particularidades da lei estadunidense que classificava alguns profissionais de TI como isentos de receberem horas extras. Os acordos no segundo caso apresentaram uma contrapartida: os funcionários seriam reclassificados com o intuito de receber horas extras, mas de-

---

[253] ea_spouse, "EA: The Human Story", EA: The Human Story, 10 nov. 2004. Disponível em: https://ea-spouse.livejournal.com/274.html.

[254] Williams, "Crunched".

[255] International Game Developers Association, "Quality of Life in the Game Industry: Challenges and Best Practices", IGDA, 2004. Disponível em: www.igda.org.

veriam desistir da opção de adquirirem ações.[256] De qualquer forma, parecia que aquele momento seria o início do fim da prática de exploração. No entanto, "uma vez que a mídia inevitavelmente perdeu o interesse", não demorou muito para a "indústria como um todo retomar a sua cultura desumana de longas jornadas, pouco salário e de grande desgaste – e continua assim hoje".[257] Na verdade, desde 2004, os momentos críticos não desapareceram dos estúdios de desenvolvimento. Tem havido um decréscimo geral nos últimos quinze anos, mas "momentos críticos ainda são uma parte e parcela do trabalho". Mais da metade (51%) dos trabalhadores na pesquisa do IGDA responderam que eles tiveram de trabalhar em momentos críticos, o que significou dedicar "ao menos 50% mais de horas durante os momentos críticos do que o trabalho padrão de quarenta horas semanais". Outros 44% dos trabalhadores "responderam que trabalham por várias horas ou por um tempo estendido que eles não definiram como momentos críticos". Tanto para hora extra como para momentos críticos, 37% dos trabalhadores não receberam nenhuma compensação adicional. Para aqueles que receberam alguma compensação, envolviam regalias como comida (36%) e folga (32%), apenas 18% receberam pagamentos adicionais.[258]

Apesar dessa clara política abusiva, com todo o custo de devastação pessoal que ela acarreta, o momento crítico nunca foi provado como um sistema de gestão eficiente. Em um estúdio

---

[256] Williams, "Crunched".

[257] Ian Williams, "'You Can Sleep Here All Night': Video Games and Labor", *Jacobin*, 11 ago. 2013. Disponível em: https://jacobinmag.com/2013/11/video-game-industry/.

[258] Weststar, O'Meara e Legault, Developer Satisfaction Survey 2017 Summary Report, 22.

descobriu-se que "não importa como nós analisamos nossos dados, nós achamos suportes altos e inequívocos contra os momentos críticos". Os estudos não apenas consideraram negativos os efeitos para os trabalhadores; também demonstraram que "momentos críticos não levavam a resultados extraordinários". Além do mais, "de forma geral, os momentos críticos fazem os jogos MENOS bem-sucedidos onde são usados, e quando os projetos tentam sair do buraco usando momentos críticos eles se afundam cada vez mais".[259] A questão então é, por que essa prática é tão generalizada? Se você perguntar ao amigo de Fryes, Karl Marx, a resposta é simples: as horas estendidas são uma tentativa de aumentar o valor produzido pelo trabalho.

Marx descreve duas maneiras pelas quais a mais-valia pode ser gerada. A primeira é aumentando a exploração da "mais-valia relativa", que significa reduzir o total de tempo de trabalho necessário para produzir o equivalente ao valor dos salários dos trabalhadores – ou fazendo com que eles produzam mais durante o trabalho. Isso pode envolver novas máquinas ou tecnologias, ou a descoberta de formas mais eficientes para organizar o espaço de trabalho. A segunda maneira é pelo aumento da "mais-valia absoluta", e envolve aumentar o tempo produtivo no trabalho – fazendo as pessoas trabalharem mais tempo.[260] Normalmente, gestores escolhem o primeiro método, já que existem limites sociais (o que as pessoas estão dispostas a aceitar) e limites naturais (só há 24 horas em um dia), para aumentarem a "mais-valia absoluta".

---

[259] Paul Tozour, "The Game Outcomes Project, Part 4: Crunch Makes Games Worse", Gamasutra, 20 jan. 2015. Disponível em: www.gamasutra.com/blogs/PaulTozour/20150120/234443/The_Game_Outcomes_Project_Part_4_Crunch_Makes_Games_Worse.php.
[260] Marx, *Capital*.

Olhando para tal estrutura, fica claro que a crise é uma estratégia de gestão deliberada, não algum tipo de erro ou aberração. É um dos maiores pontos de conflito na indústria dos jogos eletrônicos. Como Tanya Short, cofundadora de um estúdio independente, explicou: "Muitas equipes (independentes e tipo AAA) parecem iniciar um projeto já calculando os momentos críticos no calendário para conteúdo ou produtividade.[261] Como consequência de tornar as crises tão prevalentes, gestores têm uma compreensão distorcida do tempo que leva o desenvolvimento de um jogo. Por exemplo, imagine uma crise de três semanas em cima dos *designers* para criar um mapa para um jogo. Após isso, um gestor vai identificar uma tarefa de três semanas e vai orça-lo para este período de tempo, mesmo que tivesse levado cinco semanas num período "normal" de trabalho. As crises geram, portanto, falsas expectativas, particularmente quando coincidem com um processo de trabalho que é difícil de mensurar ou quantificar.[262] Para Short: "é um absurdo. Destrói nossos funcionários mais apaixonados... Faz com que acreditem na síndrome do mártir e empurra pra fora todas aquelas vozes que não podem abandonar nas suas vidas pessoais".[263] Além disso, torna-se portanto uma parte da virilidade, a ética do trabalho duro que se generalizou na indústria. Por exemplo, em 2013 a conta de mídia social de um novo jogo, *Ryse*, declarou: "Quando chegar a hora das entregas de #Ryse para #XboxOne, nós teremos servido mais de 11.500 jantares

---

[261] Quoted in Jason Schreier, "The Horrible World of Video Game Crunch", Kotaku, 15 mai. 2015. Disponível em: www.kotaku.co.uk/2015/05/15/crunch-time-game-developers-work-insane-hours.

[262] Schreier, "The Horrible World of Video Game Crunch".

[263] Williams, "Crunched".

para a equipe de crise durante o desenvolvimento".[264] O que isso mostra é que os gestores não rejeitam tal prática, mas continuam vendo-a como uma parte integral do processo de trabalho. Ou, como Dyer-Whiteford e de Peuter argumentam, essa "normalização dos momentos críticos aponta, portanto, para um fato econômico elementar: é um bom negócio – um roubo, na verdade – das empresas de jogos".[265]

Composição social

O total desrespeito com o bem-estar dos seus trabalhadores por parte da indústria de jogos nos leva ao problema da composição social, a segunda parte da composição de classe introduzida pelos editores de *Notes from Below*. A "composição social" refere-se às formas nas quais os trabalhadores estão organizados fora do trabalho; é marcada por uma ampliação do foco fora do espaço de trabalho. De uma maneira mais geral, cobre aspectos como "as condições nas quais o Estado provê serviços sociais, migração e fronteiras, moradia e aluguel e uma enorme gama de outras questões".[266] A inclusão do elemento social representa uma tentativa de entender como os fatores que contribuem para a reprodução da força de trabalho (ou seja, como nos recuperamos e nos preparamos para o serviço) também influenciam o grau de resistência e organização dos trabalhadores.

Para aplicar tal perspectiva para a indústria dos jogos, primeiro é necessário saber quem compõe sua força de trabalho. De acordo com a pesquisa de 2017 do IGDA, um trabalhador

---

[264] Schreier, "The Horrible World of Video Game Crunch".

[265] Dyer-Witheford e de Peuter, *Games of Empire*, 60.

[266] Editores de *Notes from Below*, "The Workers' Inquiry and Social Composition".

típico nos Estados Unidos tende a ser branco, heterossexual, não deficiente, por volta dos 35 anos, casado ou em relacionamentos estáveis e sem filhos.[267] O autor da pesquisa ressalta que a demografia que descreve pode "parecer super-representada" em sua amostra, mas não deixa de ser maioria na indústria.

Uma pesquisa diferente, publicada em 2015 pela grande organização britânica Creative Skillset, parece identificar o mesmo formato demográfico na força de trabalho dos jogos no Reino Unido. De acordo com os resultados, a maior parte da força de trabalho consiste em jovens, com 70% deles com menos de 35 anos de idade e apenas 4,7% representados por trabalhadores negros ou de minorias étnicas. Apenas 14% são mulheres – que também ganham em média 15% a menos que os homens.[268] Uma outra pesquisa ainda descobriu que 45% delas "sentiram que seu gênero foi um fator limitante na sua progressão de carreira, criando barreiras significativas nos seus progressos. Mais 33% disseram ter sofrido assédios diretos ou *bullying* por causa de seu gênero".[269] Esses dados estatísticos chocantes mostram a importância da representatividade de gênero, não apenas nos jogos, mas no próprio local de trabalho.

As práticas de gestão de crise alimentam diretamente o problema, com a "cultura das horas estendidas" atuando tanto

---

[267] Weststar, O'Meara e Legault, Developer Satisfaction Survey 2017 Summary Report, 20.

[268] Régis Renevey, "Creative Skillset Workforce Survey Breakdown", Ukie, 20 mai. 2015. Disponível em: http://ukie.org.uk/news/2015/05/creative-skillset-workforce-survey-breakdown.

[269] Dan Pearson, "Survey: 45% of the UK Industry's Women Feel Gender Is a 'Barrier'", GamesIndustry.biz, 13 jan. 2015. Disponível em: www.gamesindustry.biz/articles/2015-01-13-survey-45-percent-of-the-uk-industrys-women-feel-gender-is-a-barrier.

como causa quanto como efeito do sexismo institucionalizado na indústria.[270] Aqueles com responsabilidades no cuidado com o outro, que são predominantemente mulheres, acham difícil trabalhar jornadas tão longas, o que significa que esse tipo de trabalho extrapole seus limites. Sendo assim, elas enfrentam barreiras diretas que são resultado do sexismo. Isso toma a forma de um "teto de vidro", impedindo a progressão na carreira, acarretando também pressões adicionais quanto ao "papel invisível clássico da reprodução do trabalho, cobrindo o déficit de tarefas domésticas e trabalhos emocionais, dos quais os parceiros exaustos (das mulheres) são incapazes".[271]

Com relação à falta de diversidade, a pesquisa da IGDA sugeriu que essa é uma preocupação menos importante para as pessoas que contratam do que para os trabalhadores em si. A questão se "a diversidade é importante ou não" teve o maior número de respostas na história da pesquisa: 81% responderam que era "muito importante" ou "um tanto importante".[272] Em parte, esse sentimento vem da experiência que os trabalhadores tiveram nos locais de trabalho, no que diz respeito ao preconceito que eles perceberam com relação a si mesmos ou aos outros. A maioria (56%) "percebeu desigualdade com relação" a si mesmo "por causa de gênero, idade, etnia, habilidade ou orientação sexual" e a minoria (44%) percebeu uma desigualdade com relação a outros. Isso inclui desigualdade quanto a questões de recrutamento, contratação, promoção, salário e

---

[270] Lizzie Haines, "Why Are There So Few Women in Games?", SlideShare presentation, Research for Media Training North West, Manchester, UK, set. 2004, 13.

[271] Dyer-Witheford e de Peuter, *Games of Empire*, 63.

[272] Weststar, O'Meara e Legault, Developer Satisfaction Survey 2017 Summary Report, 12.

outras formas de compensação, ações disciplinares, relações interpessoais, pequenas agressões, carga de trabalho e condições de trabalho. Apenas cerca da metade dos trabalhadores estavam empregados em empresas que tinham uma política que promovesse equidade ou diversidade, como uma "política geral de não discriminação" (57%), uma "política de contratação igualitária" (49%) ou uma "política contra o assédio sexual" (48%). Dentro desse grupo, apenas 26% das empresas tinham um "procedimento formal de reclamação", e somente 21% tinham algum "processo disciplinar padrão" a respeito de tais políticas. Como resultado dessa falta de responsabilidade, pouco mais da metade dos trabalhadores (56%) acreditavam que essas "políticas foram aplicadas adequadamente", e 50% dos entrevistados achavam que "existe oportunidade e tratamento igual na indústria dos jogos"; outros 17% não estavam tão certos quanto a haver tratamento igual ou não.

Essas visões também podem ser compreendidas pela ótica das opiniões diversas sobre como a sociedade enxerga a indústria. No geral, os trabalhadores desse setor estão divididos em: "38% acreditam que a sociedade tem uma visão negativa, 37% que tem uma visão positiva, e 25% uma visão neutra".[273] Os entrevistados identificaram fatores que pensavam contribuir para essa visão negativa que grande parte da sociedade tem da indústria: sexismo entre os jogadores (57%), sexismo nos jogos (55%), relação com violência (55%), condições de trabalho (54%), relação com obesidade (46%), racismo entre jogadores (40%), sexismo no local de trabalho (39%), ausência de diversidade num âmbito geral (38%), racismo nos jogos (24%), racismo no local de trabalho (17%), outros fatores (12%) e "eu

---

[273] Weststar, O'Meara e Legault, Developer Satisfaction Survey 2017 Summary Report, 17.

não acredito que haja uma percepção negativa com relação à indústria de jogos eletrônicos" (7%).[274]

A composição social preocupa-se em como o trabalhador está configurado fora do processo laboral e da composição técnica do trabalho. Olhar para esses indicadores sociais para além do local de trabalho é a chave para entender o sentido do próprio ambiente de trabalho. Por exemplo, o fato de a composição da força de trabalho ser majoritariamente jovem e masculina, sem responsabilidades familiares, faz o uso generalizado dos "momentos críticos" possível. Ou os trabalhadores não têm responsabilidades familiares, ou eles podem passá-las para seus parceiros – ou terceirizá-las. Isso cria uma divisão de gênero do trabalho que segue a dinâmica difundida na sociedade, sendo a tarefa do desenvolvimento de codificação masculina e a de cuidado feminina.

A mobilização da paixão em torno da cultura do videogame – algo que começa no consumo, mais do que na produção de jogos – é outro fator social importante que molda, de fora, o ambiente de trabalho dos jogos. Como foi discutido anteriormente, o trabalho com jogos está associado com o ato de jogar de duas formas: ambas tem o jogo como resultado do trabalho, uma a partir da ética *hacker* do início dos jogos eletrônicos, da filosofia "trabalhar como brincar" de empresas como a Atari, e outra com um sentimento apaixonado de pertencimento entre os trabalhadores. Em termos gerais, significa que as "pessoas que trabalham na indústria de jogos têm, invariavelmente, os jogos como uma prática cultural" e, portanto, "jogos são feitos por jogadores, com tudo o que isso implica".[275]

---

[274] Weststar, O'Meara e Legault, Developer Satisfaction Survey 2017 Summary Report, 18.

[275] Kirkpatrick, *Computer Games and the Social Imaginary*, 107.

Trabalhar dentro de uma cultura guiada pela paixão tem implicações significantes. Por exemplo, a "cultura *geek*", muitas vezes associada com a comunidade dos jogos, abrange pessoas que mantiveram "fortemente pontos de interesse e consumo em comum com muito mais seriedade do que a maioria das outras subculturas". Essa cultura é usada contra os trabalhadores, particularmente os da indústria de jogos eletrônicos. Como Ian Williams explica: "o capital aproveita a cultura *geek* para efetivamente prejudicar os trabalhadores".[276] Os altos níveis de "prestígio" que os trabalhadores alcançam "significam que muitos dos que estão na indústria se dispõem a trabalhar por longas horas, às vezes sem remuneração, e a se submeter a termos precários de trabalho".[277]

Sem levar em conta a composição social, não é possível entender este salto: de como o trabalho é organizado pelo capital para como os trabalhadores podem resistir e se organizar. Um outro desafio dos trabalhadores do setor de jogos – e um obstáculo específico nas suas tentativas de organização – é entender como esse segmento relativamente pequeno se relaciona com outros trabalhadores da indústria de forma geral. Mesmo trabalhando na mesma indústria, os funcionários de jogos geralmente não dividem o ambiente de trabalho com as pessoas envolvidas na parte de publicação e vendas. É também importante reconhecer aqui as diferenças entre os trabalhadores de jogos e os desenvolvedores de *softwares* de outras indústrias. Como discutimos anteriormente, os trabalhadores de jogos recebem salários maiores comparativamente e podem ser difíceis de gerenciar, apesar de seus conhecimentos e habilidades. Eles são relativamente poderosos, particularmente quando com-

---

[276] Williams, "You Can Sleep Here All Night".

[277] Kirkpatrick, *Computer Games and the Social Imaginary*, 108.

parados como os demais ao longo da cadeia produtiva, como discutimos acima. Dois fatores-chaves de mobilização – momentos críticos e equidade – estão provocando um processo de recomposição política através da qual eles começam a expressar seu poder.

Organização na indústria de jogos eletrônicos

Quando eu pensei pela primeira vez em escrever este livro, planejei este capítulo como uma discussão sobre como e por que os trabalhadores da indústria de jogos eletrônicos devem se organizar. Eu esbocei como as lutas do Screen Actor Guild e American Federation of Television and Radio Artists nas décadas de 1920 e 1930 (que posteriormente se uniram no Sag-Aftra), assim como outras iniciativas, como a WashTech (Washington Alliance of Technology Workers) poderiam ser usados como exemplos. No entanto, logo que comecei a escrever este livro, um processo de recomposição política passou a tomar forma na indústria de tecnologia, o que fez com que imaginar possibilidades não fosse mais necessário, já que a organização estava se tornando uma realidade.

A Tech Workers Coalition (TWC) é um exemplo desse processo. A TWC é uma "coalizão de trabalhadores dentro e ao redor da indústria de tecnologia, organizadores de trabalho e organizadores de comunidade e amigos", com sede nos Estados Unidos e atua particularmente na Bay Area e em Seattle.[278] Nos últimos anos, a rede tem se tornado cada vez mais forte. Como R. K. Upadhya, membro da TWC, explicou: "Desde as eleições de 2016 nos Estados Unidos, tem havido um nível sem

---

[278] Organizing in the Videogames Industry "Tech Workers Coalition", Tech Workers Coalition, 2018. Disponível em: https://techworkerscoalition.org.

precedente de instabilidade entre trabalhadores de todos os setores na indústria de tecnologia, do serviço de alimentação a programadores e engenheiros.[279] Para a TWC, essa instabilidade tem levado esses trabalhadores a se organizar, mas também gerou campanhas intersetoriais nos assim chamados locais de trabalhos do *campus*, com trabalhadores de tecnologia – que geralmente têm melhores salários, termos e condições – dando suporte à luta de outros grupos profissionais. Como Jason Prado, um desenvolvedor de *software*, escreveu em um artigo publicado no *Notes from Below*: "Os funcionários de serviços no *campus* da minha empresa se organizaram e ganharam contratos sindicais, e trabalhadores acima na hierarquia apoiaram ativamente esses esforços". Seja circulando petições, indo a reuniões ou tomando parte nas ações, esses grupos estão formando um relacionamento recíproco. Os "funcionários de serviço e organizadores sindicais profissionais", diz Prado, "estão felizes em receber suporte dos funcionários de tecnologia de alto prestígio, e os funcionários de tecnologia recebem experiência em primeira mão trabalhando em uma campanha de organização". Esse tipo de conexão era rara no passado. Mas "trabalhadores de diferentes funções rapidamente se identificaram uns com os outros quando se engajaram na luta. Dizendo de outra forma, nenhum camarada na atual luta deixou de perguntar 'os funcionários de tecnologia são realmente da classe trabalhadora?' A solidariedade é criada na luta".[280]

---

[279] R. K. Upadhya, "Disrupting Disruption: On Intervening against Technological Restructuring", *Notes from Below*, issue 2, 30 mar. 2018. Disponível em: www.notesfrombelow.org/article/disrupting-disruption.

[280] Jason Prado, "Prospects for Organizing in the Tech Industry", *Notes from Below*, issue 2, 30 mar. 2018. Disponível em: www.notesfrombelow. org/article/prospects-for-organizing-the-tech-industry.

A TWC se transformou em uma espécie de ponto focal, reunindo e generalizando diferentes lutas na indústria de tecnologia. Como Upadhya explicou: "Tem havido várias organizações espontâneas e insatisfações na indústria nos últimos anos, mas nossa principal tarefa ainda é começar com as noções básicas de agitação e organização. É aqui que a pesquisa com os trabalhadores entra".[281] Membros da TWC começaram usando uma aproximação inspirada nas pesquisas junto aos trabalhadores, juntando pessoas para falar sobre seus problemas no trabalho e formas de se organizar. Como um representante da TWC explicou em uma apresentação em Toronto em 2018:

> Nossa premissa é que fazer os trabalhadores falarem uns com os outros sobre os problemas que eles têm nos locais de trabalho é uma forma potente para agitar e construir em direção à organização; e para serem organizadores como o núcleo da TWC, não há nenhuma possibilidade de você ter uma campanha efetiva se não sabe o que seus colegas de trabalho estão realmente pensando e com o que se importam. É também um meio efetivo de entender melhor o que nós chamamos de "composição de classe" da indústria de tecnologia; em outras palavras, qual a experiência dessas pessoas e suas ocupações, onde elas estão efetivamente alocadas, em qual parte da cadeia produtiva e assim por diante.[282]

---

[281] Tech Workers Coalition, "Tech Workers, Platform Workers, and Workers' Inquiry". *Notes from Below*, issue 2, 30 mar. 2018. Disponível em: www.notesfrombelow.org/article/tech-workers-platform-workers-and-workers-inquiry.

[282] Tech Workers Coalition, "Tech Workers, Platform Workers, and Workers' Inquiry".

Esse é um exemplo de uma organização orgânica que utilizou o conceito de enquete operária e a adaptou ao uso sob novas condições. Envolve trabalhadores resgatando, em parte, antigas formas, mas também achando novas formas de resistir e lutar. Apesar da projeção de muitos de fora da indústria de que a organização estava muito longe de ocorrer, os próprios trabalhadores acharam novas maneiras de mobilização, e a pesquisa com eles desempenhou um papel de facilitador.

Essas lutas na indústria de tecnologia não atingiram diretamente a de jogos eletrônicos. No entanto, eles fazem parte do pano de fundo de um momento similar envolvendo os trabalhadores de jogos. Em 2016, os dubladores da indústria de jogos entraram em greve nos Estados Unidos. Eles, que eram parte do sindicato Sag-Aftra, focaram sua greve contra as onze maiores empresas, incluindo a EA e a Activision. Eram quatro as principais demandas. Primeiro, o sindicato queria bônus baseados em vendas, uma demanda que correspondia ao fato de que os contratos na indústria não incluíam compensações secundárias, diferentemente de outros contratos da Sag-Aftra. Segundo, os dubladores exigiam maior transparência das empresas, incluindo que fossem informados do que o projeto envolvia antes de começar. Terceiro, o sindicato exigia que as preocupações dos trabalhadores fossem levadas a sério, principalmente com relação ao estresse vocal e à segurança. Quarto, a união exigia uma atualização nos contratos, já que os existentes tinham sido negociados em 1994.[283] Quando as negociações começaram, o advogado representando os estúdios (como foi relatado por um dublador que estava acompanhando as reuniões) começou dizendo: "É muito bom ver vários de vocês vindo aqui

---

[283] "Why We Strike", Sag-Aftra, 2016. Disponível em: www.sagaftra. org/files/whywestrike.pdf

para defender seus contratos, nós estamos muito orgulhosos de ver vocês todos aqui. Na verdade ninguém liga para quem faz as vozes nos jogos eletrônicos, e nós podemos conseguir alguém que faça o que vocês fazem por 50 dólares a hora. Então nós estamos mostrando uma boa-fé imensa com o simples fato de aparecer aqui".[284]

A dublagem é uma função difícil e desgastante, principalmente em jogos eletrônicos, nos quais se espera que os dubladores tenham uma performance extrema. Como um dos dubladores explicou: "Veja, eu entendi: no final, é um mecanismo e um conjunto de algoritmos que executam certas funções. O problema é que a dublagem não se encaixa como um pedaço de RAM".[285] Esses trabalhadores eram tratados como se fossem externos à indústria, apesar do papel-chave que o áudio desempenha em vários jogos. A greve em si durou aproximadamente um ano, terminando com as partes chegando a um acordo. Embora não atendesse todas as demandas, o acordo teve, no entanto, um impacto mais amplo em toda a indústria.[286] Isso também provocou alguma controvérsia. Um dos pontos de discordância, como o desenvolvedor Dante Douglas explicou, era com relação à compensação secundária: "Se os dubladores recebessem *royalties* antes dos desenvolvedores, seria injusto com aqueles que trabalharam em outras partes do jogo que não a dublagem,

---

[284] Citado em Ian Williams, "The Ongoing Voice Actor's Strike Is More than Just a Little Drama", Waypoint, 29 dez. 2016. Disponível em: https://waypoint.vice.com/en_us/article/nznyxq/the-ongoing-voice-actors-strike-is-more-than-just-a-little-drama.

[285] Citado em Williams, "The Ongoing Voice Actor's Strike".

[286] Luke Plunkett, "The Video Game Voice: Actor's Strike Is Over", Kotaku, 7 nov. 2017. Disponível em: https://kotaku.com/the-video-game-voice-actors-strike-is-over-1820240476.

e eles mereceriam bônus e/ou *royalties* também". Esse argumento foi baseado no fato de que "não havia nenhuma organização por trás dos desenvolvedores que tivesse a força de barganha de uma Sag-Aftra". No entanto, logo após o acordo, as coisas começariam a mudar.[287]

No dia 14 de fevereiro, 21 trabalhadores entraram em greve no Eugen Systems, um estúdio francês de jogos eletrônicos. A declaração deles, divulgada pelo Le Syndicat des Travailleurs et Travailleuses du Jeu Vidéo (stjv, o sindicato dos trabalhadores de jogos eletrônicos), dizia: "Diante da recusa em nos pagar o exigido pela lei e a clara falta de consideração pelo valor de nosso trabalho, nós chegamos à conclusão de que, com o intuito de nos fazermos ouvidos, não temos outra opção senão entrar em greve".[288] As raízes da greve estavam em um desenvolvedor olhando atentamente os contratos de trabalho existentes e se deparar com o Acordo de Negociação Coletiva da Syntec, que abrangia trabalhadores de tecnologia de forma geral, e incluía, portanto, trabalhadores de jogos eletrônicos.[289] Junto com os termos empregatícios sobre salários e compensações de horas extras, esse acordo também incluía o "direito de se desconectar" dos trabalhadores, assim como não ser requisitado a responder *e-mails* depois das 18 horas. Descobrindo que esses termos

---

[287] Dante Douglas, "Game Developers Need a Union", Paste, 7 mar. 2018. Disponível em: www.pastemagazine.com/articles/2018/03/game-developers-need-a-union.html.

[288] Citado em Ethan Gach, "Developers at One French Game Studio Have Been on Strike for a Month", Kotaku, 16 mar. 2018. Disponível em: https://kotaku.com/developers-at-one-french-game-studio-have-been-on-strik-1823833426.

[289] É um acordo nacional de negociação coletiva na França que abrange principalmente empresas de consultoria.

se aplicavam a eles, os trabalhadores tentaram negociar suas demandas com seus gerentes.[290] Tais peculiaridades do sistema de relações industriais francês, juntamente com a formação do sindicato no outono de 2017, forneceram os canais para essa ação. No entanto, as preocupações dos trabalhadores franceses também são compartilhadas por trabalhadores de jogos em muitos países diferentes, e mostram como essas queixas podem ser transformadas em organização.

Após trinta dias em greve, um dos ativistas, Félix Habert, refletiu sobre suas experiências até aquele ponto: "É bem mais difícil quando se é apenas um bando de pessoas sem experiência política".[291] No entanto, eles também descobriram erros em como a empresa organizava os pagamentos, arrecadaram 10 mil dólares em fundos para greve e fizeram matérias jornalísticas internacionais com sua campanha. Como um jornalista disse na época: "Embora pequena, é uma disputa trabalhista simbólica em um dos setores econômicos mais prestigiados do país que pode ter ramificações para trabalhadores em outros estúdios".[292] A greve, descrita por Harbert como "um movimento muito espontâneo", terminou na segunda semana de abril, mesmo sem que as demandas dos grevistas fossem atendidas. Alguns deles escolheram tomar medidas legais contra o estúdio.[293] A STKV continuou a crescer a partir dessa greve, representando não somente trabalhadores da indústria, mas também estudantes e trabalhadores desempregados. O sindicato está, agora, fo-

---

[290] Gach, "Developers at One French Game Studio".

[291] Citado em Gach, "Developers at One French Game Studio".

[292] Gach, "Developers at One French Game Studio".

[293] Citado em Gach, "Developers at One French Game Studio".

cando em campanhas contra estágios não remunerados, baixos salários para trabalhadores iniciais e contratos precários.[294]

Essa luta inicial dos dubladores nos Estados Unidos e dos trabalhadores de jogos na França anunciou o surgimento de uma nova organização. O que não quer dizer que os trabalhadores de jogos em estúdios ao redor do mundo tenham sido passivos – ao contrário, esses foram alguns dos poucos momentos abertos para a luta de classes. Ainda assim é provável que tenha havido inúmeros momentos de resistência de trabalhadores de estúdio ao redor do mundo que não tiveram a mesma publicidade, a esmagadora maioria deles nunca teve uma notícia publicada.

O estágio seguinte de recomposição dos trabalhadores foi um conflito no dia 21 de março de 2018. A Game Developers Conference (GDC) – o maior evento profissional da indústria de jogos, sediado em São Francisco – havia agendado uma mesa redonda intitulada "Sindicatos agora? Prós, contras e consequência da sindicalização para desenvolvedores de jogos". A discussão foi mediada por Jen MacLean, que tinha sido apontada recentemente como diretora-executiva da IGDA, uma organização considerada hostil à sindicalização. Em uma entrevista poucos dias antes, MacLean alegou o problema relativo à perda de empregos, "um sindicato não vai mudar isso, o acesso ao capital é que vai mudar", demonstrando abertamente em qual lado ela estava.[295] Como Ian Williams argumentou, enquanto houve "nomeações de diretores simbólicas" na IGDA para agradar desenvolvedores e grupos similares, eles tinham

---

[294] "A Black and White Tri-Fold Leaflet", Game Workers Unite UK, 2018. Disponível em: http://gwu-uk.org/assets/trifold-bw-uk.pdf.

[295] Matt Kim, "IGDA Director Says Capital, Not Unions, Will Keep Game Development Jobs Secure", *US Gamer*, 19 jan. 2018. Disponível em: www.usgamer.net/articles/igda-director-union-crunch-interview.

como intenção "ocultar os verdadeiros propósitos da organização de impedir qualquer mudança real que pudesse ser feita pelos trabalhadores".[296]

Em resposta a esses acontecimentos, os trabalhadores de jogos começaram a discutir uma possível intervenção, "(Um) pequeno grupo de Facebook se tornou um grande grupo no Twitter, que se tornou um movimento ainda maior espalhado por inúmeras redes sociais... E de repente uma ação direta estava acontecendo".[297] Eles planejaram aparecer na mesa-redonda, garantindo que estaria cheia de vozes pró-sindicato. Trabalhadores de toda a indústria começaram a se engajar em "um salão virtual entusiástico, desenvolvendo táticas, estratégias e teorias para descobrir como" conseguir "ir do que era e é para o que pode vir a ser".[298] Scott Benson, o cocriador do fantástico jogo independente *Night in the Woods*, criou um logo para o grupo. O logo e o nome Game Workers Unite (GWU) foi colocado em um novo *site*, assim como folhetos e distintivos. No entanto, como William aponta: "aborrecimento e até fúria não significam muito se não forem traduzidos em ações materiais. A estética não conquista direitos".[299]

Na época em que a GDC chegou, o palco estava preparado para um pequeno público. Jen MacLean apresentou a sessão de mesa-redonda sobre sindicalização, enfatizando que o encon-

---

[296] Ian Williams, "After Destroying Lives for Decades, Gaming Is Finally Talking Unionization", Waypoint, 23 mar. 2018. Disponível em: https://waypoint.vice.com/en_us/article/7xdv5e/after-destroying-lives-for-decades-gaming-is-finally-talking-unionization.

[297] *Idem.*

[298] *Idem.*

[299] *Idem.*

tro deveria ter um tom de respeito e simpatia.[300] Havia dois oradores de fora, ambos representantes do sindicato International Alliance of Theatrical Stage Employees. Entretanto, conforme o encontro progredia, e mais vozes pró-sindicalização começaram a se manifestar, o "tom de respeito e polidez se mostrou uma desculpa para policiar e interromper as discussões, para manipular os oradores". Como Michelle Ehrhardt relatou: a IGDA tentou "deturpar o que os sindicatos fazem e evitar que qualquer organização que estivesse ocorrendo naquele dia tomasse forma". Ela também notou que: "a tática de silenciamento que MacLean estava levando e conduzindo, enquanto os oradores estavam prestes a discutir a forma de organização, poderia ser vista como um proposital boicote à sindicalização". No fim das contas, o IGDA não é apenas ideologicamente hostil ao surgimento de organizações de base, mas também de forma prática e, portanto, "ameaçado pela existência de um sindicato de verdade que pode usurpar isso".[301]

O folheto – ou zine, como alguns se referiam a ele – que foi entregue durante o encontro, é um grande exemplo de como a cultura do videogame pode ser efetivamente integrada com uma propaganda pró-sindicalização. Como expliquei quando foi repostado em *Notes from Below*: o "zine fornece um ponto de partida necessário para a organização dos trabalhadores – muitos dos quais não têm experiência anterior com sindicatos. É uma introdução acessível, explicando por que um sindicato é necessário e apresentando etapas práticas de organização".[302] O

---

[300] Michelle Ehrhardt, "IGDA, Union-Busting and GDC 2018", Unwinnable, 22 mar. 2018. Disponível em: https://unwinnable.com/2018/03/22/igda-union-busting-and-gdc-2018.

[301] Ehrhardt, "IGDA, Union-Busting and GDC 2018".

[302] Game Workers Unite, "Game Workers Unite Zine", *Notes from Below*,

zine colorido é como uma revista de videogame. A capa inclui o personagem Sonic com um microfone, cercado pelo texto: "Mantenha-se vivo na Zona Industrial!", "Dicas para derrotar todos os chefes", "Táticas cooperativas", e "Dentro: Guia de Estratégia grátis!". A primeira página apresenta o programa: "Ei, você! Você está cansado dos 'momentos críticos'? A gestão não está ouvindo suas preocupações? Você está lutando para pagar as contas ou desprovido de benefícios básicos, como plano de saúde ou licença parental remunerada? Você suspeita que tem um salário menor que o de seus colegas de trabalho por causa de seu gênero ou raça?". Acompanhando essas questões está o logo do Game Workers Unite – um punho erguido segurando um controle de videogame. A próxima página apresenta a plataforma oficial do GWU:

O GWU é uma organização de amplo alcance que procura conectar ativistas pró-sindicalização, trabalhadores explorados e aliados entre fronteiras e entre ideologias em nome da construção de uma indústria de jogos sindicalizada. Nós estamos construindo uma solidariedade pró-sindicalização entre disciplinas, classes e países. A organização é gerida exclusivamente por trabalhadores (não empregadores), mas nós encorajamos ativamente empregadores, acadêmicos e outros a se engajar na comunidade e ajudar no suporte das ações diretas da organização, tanto materialmente como pela visibilidade.[303]

Isso foi seguido por uma crítica ao antissindical IGDA no estilo de uma análise de jogos com uma pontuação. Uma "cobertura

---

issue 2, 30 mar. 2018. Disponível em: www.notesfrombelow.org/article/game-workers-unite-zine.

[303] Game Workers Unite, "Game Workers Unite Zine".

de capa" mais extensa, explicando de uma maneira acessível o que é um sindicato e por que as pessoas deveriam participar. E este é o "Guia de Estratégias" prometido na capa:

> Quais são alguns dos passos concretos que eu posso dar rumo à sindicalização? Se você trabalha na indústria de jogos, o primeiro passo é conversar com colegas de trabalho fora da supervisão de seu chefe, começando com as pessoas em quem você confia. Converse com elas sobre suas condições de trabalho, pergunte quais suas preocupações e, se elas ainda não estiverem informadas, compartilhe informações sobre sindicatos (como esta revista!). Você também deve entrar em contato com sindicatos locais existentes para pedir ajuda e conselhos sobre como sindicalizar seu local de trabalho. Certifique-se de manter discussões sobre a possibilidade de sindicalização longe dos ouvidos dos patrões, mesmo que você ache que eles são simpáticos à sua causa![304]

Ao longo de suas páginas, a revista emprega uma forma explícita de humor, apresentando conceitos em termos que as pessoas da indústria já estariam familiarizadas, mas sem perder a política de organização. O zine foi amplamente compartilhado para além do encontro inicial, com inúmeros *sites* hospedando o arquivo em PDF e atualizando-o com detalhes locais. Também mostra o trabalho preparatório que havia sido colocado na intervenção no GDC.

Como Emma (que usou um pseudônimo), uma organizadora do GWU, declarou em uma entrevista: o evento no GDC foi um ponto-chave de partida. A partir desse encontro, eles estabeleceram três pontos de ação para o GWU. O primeiro foi a formação de seções locais. Poucos meses após o encontro, havia

---

[304] Game Workers Unite, "Game Workers Unite Zine".

seções locais nos Estados Unidos, Canadá, Alemanha, Reino Unido, Brasil e Austrália, com vários outras em processo de formação. Emma explicou que eles "realmente acreditam em uma organização descentralizada e que forneça ferramentas, conexões e poder às pessoas em escala local, para trabalhar dentro de suas comunidades e realmente construir uma solidariedade efetiva e esforços no processo de sindicalização nesses locais".[305] O segundo passo era realizar uma "campanha educacional", particularmente em benefício dos sindicatos – não apenas com um foco no "falso mito antissindicato", mas também relacionado com o que os, "direitos legais [dos trabalhadores] são, em termos de luta por uma condição melhor de trabalho... O passo concreto para a sindicalização". O terceiro passo era trabalhar com sindicatos existentes e outras organizações de trabalho acerca de como levar o GWU adiante, construindo alianças e compartilhando táticas. Como o esperado, nos Estados Unidos isso envolveu trabalhar com a Sag-Aftra e aproveitando as experiências da STJV na França. No entanto, o GWU não estava começando em uma escala de luta insignificante. Emma a resumiu como sendo uma luta entre "Davi e Golias. Era esta a natureza da luta".[306]

O GWU ainda está em um estágio inicial neste momento em que escrevo este livro (e em cada rascunho reescrito muita coisa mudou). Seguindo os passos das investigações com trabalhadores anteriores, minha resposta para descobrir coisas sobre o evento da GDC e sobre o zine foi entrar imediatamente em

---

[305] Citado em Thomas Wilde, "'It's Very David and Goliath': Inside the Growing Effort to Unionize Video Game Developers", Geekwire, 9 mai. 2018. Disponível em: www.geekwire.com/2018/david-goliath-inside-growing-effort-unionize-video-game-developers.

[306] Citado em: Wilde, "It's Very David and Goliath".

contato com a GWU. Pelo Twitter, eu fui direcionado primeiro à organização nacional, depois à seção local no Reino Unido. (Até agora, eu tenho participado nos estágios iniciais da organização, oferecendo conselhos e suporte). Eu entrei em contato com um dos líderes da organização no Reino Unido, Declan (que costuma usar o apelido "Dec", assim como outros organizadores que são referidos apenas pelo primeiro nome). Como eu, ele viu pela primeira vez o zine sendo distribuído no GDC, e explicou: "Eu entrei no *site* deles, li, e fiquei muito, mas muito interessado na sindicalização".[307] Os pais de Dec eram sindicalistas, então ele teve alguma experiência anterior, embora em indústrias bem distintas. Desde aquela primeira introdução no GWU internacional, Dec iniciou o GWU no Reino Unido, começando um servidor no Discord (um aplicativo de bate-papo popular entre os jogadores de videogame) para aproximar as pessoas. Ele explicou o que viu como fonte de crescimento do GWU:

> A indústria está em um ponto em que, não apenas a indústria de jogos, é como a política de forma geral, chegamos a este ponto onde as pessoas estão realmente questionando algumas ideias de esquerda, sindicatos e afins: "Ei, por que as pessoas não estão mais em sindicatos? Por que a indústria de tecnologia do Vale do Silício não faz como as outras, onde existe proteção real aos trabalhadores?". Eu acho que tudo se desenvolve com pessoas formulando essas questões e eu parece que alguém finalmente tomou a iniciativa. E assim alguém o fez, todo mundo se envolveu,

---

[307] "Prospects for Organising the Videogames Industry: Interview with Game Workers Unite UK", entrevista por Jamie Woodcock, *Notes from Below*, issue 3, 16 ago. 2018. Disponível em: https://notesfrombelow. org/article/prospects-for-organising-the-videogames-industry.

e eu acho que todo mundo que se envolveu agora estava apenas esperando alguém começar com isso, e então elas puderam participar. Eu sei que eu estava. Este é o grande ponto.[308]

Houve mudanças significativas na indústria, e Dec, um participante relativamente novo, as sentiu particularmente. Ele discutiu como algumas das coisas que fez estavam próximas à "uberização" e que os empregadores tiram vantagem da "paixão" dos trabalhadores pelos jogos. Dec identificou duas razões-chaves para a sindicalização da indústria de jogos eletrônicos no Reino Unido:

> Momentos críticos. O processo na indústria de jogos em que os gestores dizem que estamos a apenas um mês do fim do projeto – quando estamos na verdade a três – todo mundo têm de fazer hora extra, e está no seu contrato que você tem de realizar sem remuneração... É comum pessoas normais que entram na indústria de jogos gostarem por cerca de três anos e abandonarem porque percebem que esse é o procedimento pelo qual a indústria funciona. Que eles estão, basicamente, sendo contratados pelos gestores, todo mundo quer trabalhar na indústria de jogos, e os empregadores sabem disso e os sugam até o limite e depois contratam pessoas novas. Então, sim, é predatório... Isso ainda continua bem ruim na indústria de jogos.[309]

Estes dois aspectos, momentos críticos e representação, formam um poderoso conjunto de demandas pelas quais os trabalhadores podem se organizar e lutar. Sobre a questão de até onde o GWU pode ir no Reino Unido, Dec utilizou conceitos tradi-

---

[308] Prospects for Organising.
[309] Prospects for Organising.

cionais dos sindicatos, adaptando-os para novos contextos. Ele argumentou que a "negociação de contratos" era um começo, mas que também foi importante se organizar em estúdios AAA e "encorajar desenvolvedores independentes a dizer: 'Nós somos um estúdio sindicalizado'". Entretanto, ele reconheceu que os empregadores não estariam dispostos a fazer isso voluntariamente. Uma resposta estratégica que Dec delineou para os desenvolvedores começou diretamente do processo de trabalho:

> No desenvolvimento de um jogo, todos estão interagindo constantemente, e se de repente você não tem ninguém para conversar sobre uma decisão de *design*, ou ninguém para lhe fornecer novos trabalhos de arte, ou para fazer qualquer codificação, em qualquer uma dessas situações você vai parar, tudo vai parar. Então, é como uma linha de produção, é como uma rede imensa. Com meu trabalho, com apenas dez pessoas, eu estou interagindo com todos os programadores e todos os artistas todos os dias. Eu não teria condições de fazer meu trabalho sem eles. Se os artistas entrassem em greve, fariam todo o estúdio travar. Nós, os *designers* e os programadores, poderíamos apenas encher linguiça.[310]

Apesar da inovação dos novos tipos de trabalho nos estúdios de jogos eletrônicos, Dec está confiante de que ações de greve podem ainda ser usadas como uma arma. Por exemplo, em uma greve hipotética do Dec, a produção de um jogo poderia ser levada à paralisação se apenas algumas pessoas entrassem em greve. No entanto, só faria sentido para os trabalhadores entrar em greve quando o projeto já estivesse em andamento e o trabalho deles tivesse se tornado crucial para a sequência do desenvolvimento; caso contrário, eles correriam o risco de

---

[310] Prospects for Organising.

ser simplesmente demitidos. Como no exemplo da TWC, isso tem de começar não apenas pela compreensão do processo de trabalho mas também da forma como os trabalhadores se relacionam com os projetos.

Como eu tenho escrito em outros lugares, esses trabalhadores estão se reunindo, discutindo e experimentando o que um sindicato poderia significar no seu próprio contexto.[311] Por exemplo, no primeiro encontro nacional deles, a importância da cultura do videogame se tornou clara. A maioria dos trabalhadores que chegaram estavam facilmente identificados por suas camisetas com temas de videogames, assim como tênis de personagens da Nintendo e calças com temas da "Horda" do *World of Warcraft*. O mais interessante era que, embora ninguém na reunião tivesse estado em um sindicato antes, ou fosse claro no que isso implicaria, todos queriam iniciar um. Muitos achavam que seria necessário dizer ao patrão caso se juntassem a um sindicato (isso não é obrigatório no Reino Unido), o que tornou a decisão de começarem a se organizar ainda mais corajosa. Ao final da reunião, um trabalhador se aproximou de mim. Ele tinha vontade de juntar-se ao sindicato, mas gostaria de saber se teria que conversar com outros trabalhadores do estúdio sobre isso. Depois de eu explicar que provavelmente seria uma boa ideia, ele respondeu: "Porra, isso é realmente assustador!". Nós discutimos bastante sobre como construir gradualmente a fala sobre organização no trabalho, incluindo treinamento de organização e dramatização. E ele saiu da reunião resolvido de que estaria apto para esse desafio. O que essas conversas iniciais mostram é que os novos membros do GWU não estão interessados meramente em participar do sindicato; eles também estão

---

[311] Jamie Woodcock, "Playing for Power", *Jacobin*, 3 jan. 2019. https://jacobinmag.com/2019/01/video-game-workers-unite-union-uk.

orientados para se organizar no trabalho – e isso vários sindicatos estabelecidos poderiam aprender com eles.

Em cada uma das reuniões do GWU em Londres, o que podia ser visto era esse processo de recomposição em ação. A seccional do Reino Unido é agora a primeira a estabelecer um sindicato. Eles iniciaram discussões com uma gama de diferentes sindicatos de lá, e decidiram entrar no Independent Workers' Union of Great Britain, ou IWGB. Nas minhas pesquisas anteriores, eu tinha trabalhado com membros desse sindicato em projetos de investigação com trabalhadores assim como na organização (e também como um membro).[312] Esse pequeno sindicato começou com a organização de faxineiros, porteiros, seguranças e outros trabalhadores universitários, depois mudou para a organização de trabalhadores de assistência social, motoristas da Uber, entregadores de bicicleta, entregadores da Deliveroo e eletricistas. Enquanto a adição dos trabalhadores de jogos pode parecer estranha ao seu escopo, o que une esse grupo é que eles têm sido excluídos dos esforços de organização dos sindicatos tradicionais ou têm sido considerados impossíveis de organizar.

Até o momento, o GWU parece ser o experimento mais interessante de organização de trabalhadores na indústria dos jogos eletrônicos. Seu sucesso não é garantido, mas o método de investigação com trabalhadores fornece um poderoso meio para entender as tendências das lutas enquanto elas se espalham por esses ambientes de trabalhos não organizados. Isso também aponta para a possibilidade de um tipo de indústria de jogos bastante diferente da que discutimos até então.

---

[312] Veja, por exemplo, o artigo em: https://notesfrombelow.org/.

PARTE II
JOGANDO JOGOS ELETRÔNICOS

Análise cultural

Eu experimentei recentemente o *Star Wars: Secrets of the Empire*, da The Void, um jogo de realidade virtual (VR), em um *shopping center* em Londres. Esse encontro foi radicalmente diferente das minhas primeiras memórias com aqueles velhos jogos de DOS e seus monitores minúsculos. Primeiro, a experiência custa quase tanto quanto um jogo de videogame. Após chegar ao local, nós checamos nossas malas, e um adolescente entediado atrás da mesa nos perguntou, em um tom apático, se estávamos "prontos para nossa missão". Nos pediram, então, para assistir uma introdução do jogo, feita por um dos atores do filme. O cenário tem você e um combatente rebelde, disfarçado de *stormtrooper*, indo se infiltrar em uma base para descobrir o conteúdo de uma caixa misteriosa. O peso do equipamento de VR portátil em que você se prende funciona nesse contexto, só é um pouco complicado, o equipamento dá a sensação de que se está usando uma armadura. Quando o jogo começa, você passa através de uma porta para um cenário da vida real, paredes e portas reais nas quais o jogo está mapeado.

Meu primeiro instinto foi levantar as mãos, e as mãos de um *stormtrooper* apareceram. Meu parceiro também levantou as mãos, e ficamos admirados. O sentimento de escala era impressionante enquanto nós entrávamos em outra sala, e agora estávamos em uma plataforma movente sobre um planeta virtual com lava abaixo de nós. Calor era gerado na nossa sala no mundo real, aumento a imersão de uma maneira que só percebi mais tarde. A combinação entre a VR e os detalhes oferecidos no cenário do mundo real ofereceram um genuíno e impressionante senso de interatividade. O jogo em si combinou tiros, resolução de desafios e simplesmente vasculhar o ambiente. Nesse momento de imersão cinemática, eu comecei a pensar o que minha versão criança acharia dessa experiência. Tudo terminou muito rápido, e nós fomos ejetados novamente ao ambiente barulhento, fluorescente e com ar-condicionado do *shopping center*. Certamente houve enormes mudanças desde aqueles dias de DOS e disquetes.

Para entendê-las, é necessário explorar e analisar alguns jogos contemporâneos. Seria impossível cobrir todo o espectro de jogos disponíveis, uma vez que abrangeria aproximadamente 83 jogos.[313] Mas antes de mergulhar em alguns deles, nós devemos refletir sobre por que ainda importa analisar e criticar jogos eletrônicos neste primeiro momento, ou a cultura em geral, para esse assunto.

Investigar como os jogos eletrônicos são jogados é bem diferente de entender como eles são feitos. Sim, o processo de produção e distribuição molda os tipos de jogos que nós jogamos e como nós os jogamos. No entanto, até agora, neste livro, eu prestei menos atenção à mercadoria final. Agora nós voltamos a discutir os jogos eletrônicos em si.

Nick Dyer-Witheford e Greig de Peuter argumentam:

> Assim como o romance do século XVIII era um aparato de texto gerando a personalidade burguesa necessária para o colonialismo mercantil (mas também capaz de o criticar), e como no século XX o cinema e a televisão estavam integrados no consumismo

---

[313] Part 2: Playing Videogames Analyzing Culture "Game Browser", MobyGames, 7 jun. 2018. Disponível em: www.mobygames.com/browse/games/list-games/.

industrial (e exibiu ainda algumas de suas representações mais sombrias), assim os jogos virtuais são constitutivos do hipercapitalismo global do século XXI, e talvez, uma linha de fuga disso.[314]

Portanto, olhando para os jogos que estão sendo produzidos e jogados hoje, é possível elaborar um argumento mais amplo sobre essa mídia. Para mim, esse interesse se desenvolveu de uma forma similar a como Ernest Mandel, juntando ficção policial e marxismo, escreveu o livro *Delightful Murder: A Social History of the Crime Story*:

> Deixe-me confessar desde o início que eu gosto de ler romances policiais. Eu costumava pensar que eles eram apenas um entretenimento escapista: quando você os lê, você não pensa em mais nada; quando você termina um, não pensa mais nisso novamente. Mas este pequeno livro é a prova de que essa forma de enxergá-los é no mínimo incompleta. É verdade que, uma vez que termina de ler um romance policial, você deixa de ser fascinado por ele; mas igualmente, eu não posso deixar de ficar fascinado pelo enorme sucesso dos romances policiais como um gênero literário.[315]

Assim como Mandel lendo esses romances, eu também gosto de jogar jogos eletrônicos (algo que espero que já tenha ficado bastante claro!). Apesar de eu não achar que a experiência com um jogo nos abandone tão rápido como a leitura de um livro policial, eu também quero entender como os jogos eletrônicos

---

[314] Nick Dyer-Witheford e Greig de Peuter, *Games of Empire: Global Capitalism and Video Games*. Minneapolis e Londres: University of Minnesota Press, 2009, XXIX.

[315] Ernest Mandel, *Delightful Murder: A Social History of the Crime Story*. Minneapolis: University of Minnesota Press, 1984, VI

funcionam além de apenas jogá-los. Eu também acho que o marxismo pode nos ajudar a entender as diferentes formas da cultura de massa. O apelo de Mandel no prefácio do *Delightful Murder* ainda soa verdadeiro:

> Para quem considera frívolo para um marxista perder tempo analisando romances policiais, eu posso apenas oferecer essa desculpa final: o materialismo histórico pode, e deve, ser aplicado em todos os fenômenos sociais. Nada é por natureza menos importante de estudar do que outra coisa. A grandeza dessa teoria, e a prova de sua validade, reside precisamente na capacidade de explicar tudo.[316]

O uso do marxismo para os jogos eletrônicos pode ter inspirações importantes vindas do teórico do marxismo cultural Raymond Williams. No seu livro *Television*, de 1974, Williams estabelece uma abordagem para analisar formas de cultura de massas da qual nós podemos dar sequência. Ele começa observando que "costuma-se dizer que a televisão mudou nosso mundo. Da mesma forma, as pessoas costumam falar de um novo mundo, uma nova sociedade, uma nova fase histórica, sendo criada, trazida, por esta ou aquela nova tecnologia".[317] O livro explora a televisão como uma tecnologia e como uma forma cultural. O foco em ambos é importante. Se a televisão ou, no caso, os jogos eletrônicos, são tratados como a causa da mudança, então "nós podemos, na melhor das hipóteses, modificar ou tentar controlar seus efeitos". Por outro lado, "se a tecnologia, como é usada, é resultado de outras causas e ações, nós

---

[316] Mandel, *Delightful Murder*, VIII.

[317] Raymond Williams, *Television: Technology and Cultural Form*. Londres: Routledge, 1990, 1.

deveríamos relatar e referir nossas experiências de seu uso?".[318] Se aplicarmos essa lógica, nós deveríamos, portanto, pensar os jogos eletrônicos como uma tecnologia que surge das condições de uma sociedade existente. Jogos eletrônicos são, então, colocados dentro dessas condições, moldando tanto o tipo de jogos que jogamos quanto a maneira de jogá-los.

Nós podemos aplicar a abordagem de Williams para entender os jogos eletrônicos de diversas formas, pensando-os como uma "tecnologia", como "trabalho", como parte do capitalismo contemporâneo e como uma forma cultural de "brincar". Então, enquanto nós estamos falando de jogos eletrônicos, também estamos falando de muito mais do que apenas jogos. Com frequência, quando os jogos eletrônicos são submetidos a críticas, o foco ecoa em algo que Williams notou anteriormente com a televisão. Muita atenção foi dada ao "sexo" e à "violência", assim como à "manipulação política" e à "degradação cultural". Esse também foi o caso dos jogos eletrônicos, particularmente no que diz respeito a "violência" e "degradação cultural", que destaca coisas que não são específicas apenas aos jogos eletrônicos ou à televisão (ou a romances, ou a quadrinhos também). A razão é, na verdade, explica Williams, que "o efeito é visto como uma ideologia: uma forma de interpretar mudanças gerais de uma maneira deslocada e abstrata".[319]

Como se vê, Marx e o marxismo podem fornecer ferramentas para a crítica cultural de jogos eletrônicos. No entanto, pode parecer algo estranho de se dizer, já que o marxismo é, afinal, uma teoria revolucionária. Como Marx e Engels argumentaram: "O comunismo é para nós um estado de coisas a se estabelecer, um ideal ao qual a realidade terá de se ajustar. Nós cha-

---

[318] Williams, *Television*, 1.

[319] Williams, *Television*, 122.

mamos de comunismo o movimento real que abole o estado atual das coisas.[320]

O marxismo é, portanto, uma teoria e uma prática que visam a derrubada do capitalismo pela via revolucionária. No entanto, como Marx e Engels observaram: "a condição deste movimento resulta das premissas agora existentes". Enquanto as condições de trabalho, a relação entre classes, as forças produtivas, e assim por diante, são cruciais para uma perspectiva marxista, a sociedade é composta também por mais coisas do que apenas as relações econômicas. Naturalmente, isso não quer dizer que as dimensões culturais dos jogos eletrônicos sejam tão importantes como as relações de exploração necessárias para sua produção, mas que elas também merecem ser examinadas pelo seu conteúdo ideológico. No que tange à ideologia, Marx e Engels explicam:

> A produção de ideias, de representações, da consciência, está, em princípio, imediatamente entrelaçada com a atividade material e com o intercâmbio material dos homens, com a linguagem da vida real. O representar, o pensar, o intercâmbio espiritual dos homens ainda aparecem, aqui, como emanação direta de seu comportamento material [...] não se parte daquilo que os homens dizem, imaginam ou representam, tampouco dos homens pensados, imaginados e representados para, a partir daí, chegar aos homens de carne e osso, parte-se dos homens realmente ativos e, a partir de seu processo de vida real [...] Não é a consciência que determina a vida, mas a vida que determina a consciência.[321]

---

[320] Karl Marx e Frederick Engels, *The German Ideology*. Londres: Lawrence and Wishart, 1970, 56.

[321] Marx and Engels, *A ideologia alemã*. São Paulo: Boitempo Editorial, 2007, 93-94.

Portanto, segundo Marx:

> [...] na produção social da própria existência, os homens entram em relações determinadas, necessárias, independentes de sua vontade; essas relações de produção correspondem a um grau determinado de desenvolvimento de suas forças produtivas materiais. A totalidade dessas relações de produção constitui a estrutura econômica da sociedade, a base real sobre a qual se eleva uma superestrutura jurídica e política e a qual correspondem formas sociais determinadas de consciência. O modo de produção da vida material condiciona o processo de vida social. Não é a consciência que determina o seu ser; ao contrário, é o seu ser social que determina sua consciência.[322]

Os jogos eletrônicos surgem dessa base material, para usar esse termo frequentemente mencionado, raramente citado de forma completa e ainda mais raramente compreendido como metáfora da base ou da superestrutura. A relação econômica específica de produção que nós discutimos, portanto, molda os tipos de *hardware*, *software* e jogos eletrônicos que podem e são produzidos. No entanto, esse não é um processo de mão única, nem a economia determina inteiramente a superestrutura.

Para entender essas relações com os jogos eletrônicos, nós podemos recorrer a uma longa história de leituras marxistas sobre a cultura. Como Terry Eagleton observa, no entanto, a relevância da leitura marxista da cultura para a luta revolucionária "não é imediatamente aparente". Ainda assim, ele continua argumentando que a crítica marxista é importante porque é "parte de um corpo maior de análises teóricas que visam com-

---

[322] Karl Marx, *Contribuição a crítica da economia política*. São Paulo: Expressão Popular, 2008, 47.

preender ideologias – as ideias, valores e sentimentos com os quais os homens experimentam suas sociedades diversas vezes". Uma crítica marxista da literatura, e também dos jogos eletrônicos, é parte de um projeto para compreender ideologias: para "entender tanto o passado como o presente mais a fundo; e que esse entendimento contribua para nossa libertação".[323] Afinal, quando Marx estava vivendo em Bruxelas (antes de ele escrever o chamado para uma entrevista com os trabalhadores) ele fundou um círculo de discussão com trabalhadores alemães e eles passavam uma noite por semana discutindo arte e cultura.[324]

A ligação entre as relações econômicas a que os trabalhadores do círculo de discussão estavam sujeitados com os aspectos culturais ou artísticos que estavam discutindo se difere de formas importantes. A base econômica da sociedade é constituída pelas relações e forças de produção. Partindo disso, mas também indo além, Marx discute os elementos superestruturais. Esses são compostos de "formas definidas de consciência social (política, religiosa, ética, estética e assim por diante)" que juntas formam uma "ideologia", como discutimos acima. A ideologia deve receber nossa atenção porque sua função é "legitimar o poder da classe dominante na sociedade; em última análise, as ideias dominantes da sociedade são as ideias da classe dominante".[325] O desafio aqui é que essa ideologia não é evidente ou uma ordem a ser obedecida, é muito mais complexo do que isso, sutil, oculto e ainda um fenômeno mais contraditório.

---

[323] Terry Eagleton, *Marxism and Literary Criticism*. Londres: Routledge, 1989, XII-XIII.

[324] Eagleton, *Marxism and Literary Criticism*, 2.

[325] Eagleton, *Marxism and Literary Criticism*, 5.

Tanto Marx quanto Engels discutiram como as relações entre base e superestrutura estavam longe de ser simples. Engels argumentou:

> Segundo a concepção materialista da história, o fator que, em última instância, determina a história é a produção e a reprodução da vida real. Nem Marx nem eu afirmamos, uma vez se quer, algo mais do que isso. Se alguém o modifica, afirmando que o fator econômico é o *único* fato determinante, converte aquela tese numa frase vazia, abstrata e absurda. A situação econômica é a base, mas os vários elementos da superestrutura: formas políticas da luta de classes e seus resultados, a saber, constituições estabelecidas pela classe vitoriosa após a batalha etc. [...] também exercitam sua influência no curso das lutas históricas e, em muitos casos, preponderam na determinação de sua *forma*.[326]

O argumento aqui não é apenas que você pode traçar uma linha direta da base para a superestrutura, mas que a superestrutura ideológica também reflete de volta a base econômica. Como Eagleton reitera: os elementos da superestrutura "não são reduzíveis a uma mera expressão da luta de classes ou do estado da economia".[327] Ainda assim, o marxismo também afirma que "em última análise, a arte é determinada pelo seu modo de produção".[328] Quando se pensa em mercadorias culturais, é importante ter em mente o que Eagleton chama de "discrepância aparente". Faz sentido entender como a mercadoria originou-se nas relações econômicas, mas também é neces-

---

[326] Carta de Engels para Joseph Bloch 1890, citado em Eagleton, *Marxism and Literary Criticism*, 9.

[327] Eagleton, *Marxism and Literary Criticism*, 13.

[328] Eagleton, *Marxism and Literary Criticism*, 13.

sário compreendê-la como um artefato cultural. Esse também é o motivo de nós tentarmos entender os jogos eletrônicos utilizando as entrevistas com trabalhadores e a composição de classe: no final, tais relações de produção são a chave para compreender a forma.

Os jogos eletrônicos não são apenas produzidos, são também *jogados*. Então agora nós vamos direcionar a discussão ao envolvimento ativo que os jogos criam com seus jogadores, indo além de como eles são produzidos para alcançar uma compreensão do produto final.

Tiros em primeira pessoa

O gênero de Tiros em Primeira Pessoa (ou FPS – *First Person Shooters*) que os jogos eletrônicos oferecem, como o nome sugere, tem uma perspectiva em primeira pessoa, e o objetivo do jogo envolve atirar em coisas, normalmente representações de pessoas. Com o seu ponto de visão imediatamente reconhecível, é nesse tipo de jogos que muitas pessoas costumam pensar quando pensam em jogos eletrônicos. Enquanto os jogos de FPS não são apenas os únicos que lidam com o tema de guerra (existem também simulações e jogos de estratégia de vários tipos), eles lidam diretamente com a perspectiva visceral de um participante direto. Também há variantes desses jogos que pegam ângulos diferentes, contexto de ficção científica, e daí por diante, mas eles tratam, primordialmente, de conflitos armados. Esses jogos vêm sendo criticados por, entre outras razões, glorificar o conflito militar e estimular a violência, e têm sido alvo constante de cobertura negativa. Os jogos de FPS ambientados no passado se envolvem com a produção da história, seja ela imaginada, seja com alguma variação do grau de conexão com eventos históricos, e portanto criam um vínculo com as memórias dos conflitos ou com a violência. Como Nina Huntemann notou: os "jogos eletrônicos contam histórias", e o "fato de que jogos de guerras vendam bem nos diz que essas histórias são atraentes para milhões de pessoas".[329]

---

[329] First-Person Shooters Nina Huntemann, "The Problem with War Video Games", Kotaku, 9 nov. 2011. Disponível em: http://kotaku.

Portanto, é importante descobrir os tipos de história que estão sendo contadas nesses jogos.

Os jogos de FPS permitem aos jogadores chegarem perto da ação (você tem a mesma visão que imagina que uma pessoa teria em um cenário real), enquanto desenvolve uma interação tática para lidar com isso. Aqui nós podemos compreender os jogos de FPS como uma das consequências decorrentes da crucial mudança do palco de atuação para a tela de atuação, como observado pelo crítico cultural Walter Benjamin. A tela da "performance do ator é mediada pela câmera" e, portanto, "despida da abertura possível ao ator de palco em adaptar sua performance para um público enquanto o espetáculo continua, o público de cinema é colocado para examinar e corresponder sem nenhum contato pessoal com o intruso intérprete". A perspectiva dos jogos de FPS é uma alteração a mais dessa mudança crucial. O público não mais interage pela "posição da câmera" (reduzido da visão múltipla para a única), a posição em si torna-se parte da interação, com o jogador capaz de escolher como explorar e interagir com a cena.[330]

Essa não é uma comparação direta, mas o fato é que o gênero permite às pessoas terem a experiência de "chegar mais perto das coisas tanto em termos espaciais como humanos" demonstrando sua afinidade como o que Walter Benjamin encontrou na arte de produção em massa.[331]

A proximidade da perspectiva em primeira pessoa é importante. No entanto, o sucesso dos jogos de FPS não se dá "simplesmente pela perspectiva em primeira pessoa, a tridimensio-

---

com/5857878/the-problem-with-war-video-games.

[330] W. Benjamin, *The Work of Art in the Age of Mechanical Reproduction* (Londres: Penguin Books, 2008), 18.

[331] W. Benjamin, *The Work of Art*, 9.

nalidade, a violência ou o escapismo", mas pelo modo como elas são combinadas "de uma forma específica: um ambiente virtual que maximiza o potencial de um jogador ao atingir um estado psicológico que Mihaly Csikszentmihalyi chama de 'fluxo'".[332] Para Csikszentmihalyi, "fluxo" é o sentimento de imersão, presença e felicidade ou, mais coloquialmente, "estar vidrado".[333] Andrew Feenberg, em sua observação de jogadores do jogo chinês GO, refere-se a esse estado de experiência como "sem-mente", descrevendo-o como um fenômeno espiritual.[334] A transformação estética vista em jogos eletrônicos de luta, e isso abrange jogos de FPS também, é resultado de um tipo de "fluxo" que "permite a jogada mais habilidosa mas também a mais profunda experiência de jogo".[335] No caso dos jogos de FPS isso se retroalimenta, com uma compulsão de voltar ao jogo.[336] Essa poderosa retroalimentação tem se materializado em públicos enormes que jogam esses jogos, muitas vezes por um longo período de tempo. Qualquer jogador de videogame provavelmente já sentiu isso, algo nos puxa para jogar um jogo. É uma expe-

---

[332] Maria Konnikova, "Why Gamers Can't Stop Playing First-Person Shooters", *New Yorker*, 25 nov. 2013. Disponível em: www.newyorker. com/tech/elements/why-gamers-cant-stop-playing-first-person-shooters.

[333] Mihaly Csikszentmihalyi, *Flow: The Psychology of Optimal Experience*. Nova York: Harper Perennial, 1990.

[334] Andrew Feenberg, "Alternative Modernity? Playing the Japanese Game of Culture", *Cultural Critique* 29 (1994), 107-38.

[335] Mark R. Johnson e Jamie Woodcock, "Fighting Games and Go: Exploring the Aesthetics of Play in Professional Gaming", *Thesis Eleven* 138, n. 1 (2017), 32.

[336] Konnikova, "Why Gamers Can't Stop Playing First-Person Shooters".

riência muito mais raramente encontrada em outras formas da cultura contemporânea.

Os jogos de FPS têm uma longa história. Possivelmente, o primeiro jogo moderno de FPS foi o *Wolfenstein* 3D, lançado em 1992. Estrelando B. J. Blazkowicz como o avatar do jogador, "um macho caucasiano, com experiência militar", o jogo monta "as bases do gênero dos jogos de tiro em primeira pessoa... Houve alguns antecessores, mas *Wolfenstein* 3D teve certamente um papel enorme no crescimento deste estilo".[337] Apesar do mote do jogo focar num único espião estadunidense derrotando um enorme número de soldados nazistas, ele não se apega aos detalhes históricos. Apresenta um plano nazista de formar um exército de mutantes mortos-vivos, e Hitler, incrementado com um terno mecânico e metralhadoras giratórias. Os elementos básicos de um jogo de FPS foram definidos nesse momento: o jogador enxerga o mundo, e "olhar e mirar aparecem juntos no mesmo movimento, e o jogador é convidado a, por assim dizer, seguir sua arma".[338]

Do *Wolfenstein* 3D em diante, os tipos de avatar que os jogadores podem adotar em jogos de FPS têm sido relativamente estreitos. Como Michael Hitchens mostrou em sua pesquisa sobre jogos de FPS: "militares e cenários similares continuam sendo quase os únicos provedores de avatares para jogos de FPS, embora isso talvez seja compreensível devido à natureza de tais

---

[337] Michael Hitchens, "B.J.'s Family: A Survey of First Person Shooters and Their Avatars", em *Proceedings of the Sixth Australasian Conference on Interactive Entertainment*, ACM, 2009, p. 4.

[338] Rune Klevjer, "Gladiator, Worker, Operative: The Hero of the First Person Shooter Adventure", presentation, Level Up: Digital Games Research Conference, Utrecht University, Holanda, 2003.

jogos".[339] Isso faz sentido, pois há uma necessidade narrativa de que o personagem tenha familiaridade com o manuseio de armas; no entanto, muitos dos jogos de FPS são notavelmente leves em outros aspectos narrativos para sustentar as ações e as escolhas feitas. Na maioria dos casos, o jogador é um espião, soldado ou mercenário.

O influente jogo *GoldenEye* 007 para Nintendo 64, baseado no filme *GoldenEye*, de James Bond, foi lançado em 1997. Apresentando uma missão para um só jogador, o jogo criticamente aclamado tomou a forma do espião imperialista antirrusso de Ian Fleming. Além disso, também introduziu o modo "disputa mortífera" para jogar em mais de uma pessoa, o que permitiu que vários jogadores ficassem em volta do mesmo videogame e jogassem. Esse incremento de opção para vários jogadores se tornaria mais tarde uma figura-chave nos jogos de FPS. Além da crítica que poderia ser feita à política da narrativa de Fleming como é descrita no jogo, o mais popular não foi um jogo de um só jogador, focado na história, mas o jogo para vários jogadores. Foi dessa forma que a maioria das pessoas jogou, eu incluso. O Nintendo 64 introduziu o jogar socialmente para um público de massa, com quatro pessoas competindo na frente de várias televisões. Jogar *GoldenEye* era uma experiência social, a história importava pouco, assim como os personagens, ao menos que alguém escolhesse jogar como "Oddjob", um personagem significativamente menor e, portanto, mais difícil de acertar.

Dois anos depois do lançamento do *GoldenEye*, o Playstation apresentou uma interação crucial aos jogos de FPS: *Medal of Honor*. Ela permite aos jogadores assumir o papel fictício de Jimmy Patterson, primeiramente um piloto e depois um espião estadunidense, realizando missões durante o final da Segunda

---

[339] Hitchens, "B.J.'s Family".

Guerra Mundial na Europa. O desenvolvimento do jogo foi iniciado pelo diretor de cinema Steven Spielberg, que esboçou a ideia enquanto fazia a pós-produção de *O Resgate do Soldado Ryan*. Pode-se ver claramente um paralelo entre os dois no jogo, particularmente com ambos apresentando cenas focando o desembarque no Dia D na praia de Omaha, na Normandia. Para criar essa visão no jogo, Spielberg contratou Dale Dye, um oficial dos fuzileiros navais estadunidense que se tornou consultor militar em Hollywood. Sobre o jogo que surgiu, um crítico escreveu "Não apenas um 'atire neles!', ele oferece pequenas lições históricas enquanto você joga, oferecendo informações de tudo, desde a oss (serviço de inteligência estadunidense precursor da cia) e a Gestapo, aos foguetes v2, enquanto uma arte nostálgica e videoclipes transmitem uma sensação do período". Assim sendo, o *"Medal of Honor* original permanece sendo, provavelmente, o jogo de fps mais educativo já produzido".[340] No entanto, em sintonia com as futuras controvérsias sobre violência em jogos eletrônicos, depois do massacre de Columbine, o jogo também passou por mudanças de última hora, nas quais o sangue e a sanguinolência foram removidas.[341]

Continuando no tema da Segunda Guerra Mundial, a série *Battlefield* começou com *Battlefield* 1942 em 2002, e levou os jogos do gênero de fps para uma direção mais focada em times, fornecendo grandes batalhas com vários jogadores em que dois times se enfrentam para dominar pontos de controle. Isso incentivou os jogadores dentro de um time, coordenando e trabalhando juntos, tentando manter mais pontos de controle que os adversários, e ao fazê-lo competindo para reduzir o número

---

[340] Edge Staff, "The Making Of... Medal of Honor", GamesRadar, 30 mar. 2015. Disponível em: www.gamesradar.com/making-medal-honor/.
[341] Edge Staff, "The Making Of... Medal of Honour".

de "tíquetes" adversários a zero. A interação do 1942 apresenta uma bagagem histórica daquele ano, incluindo armas, veículos e uma competição equilibrada entre os Aliados e o Eixo. Outros jogos da série focaram em eventos mais contemporâneos, enquanto o lançamento de 2016, *Battlefield* 1, tem a Primeira Guerra Mundial como tema. O aspecto em primeira pessoa do jogo focou em contar várias histórias. Explicando sua abordagem, os desenvolvedores disseram que eles "queriam que os jogadores vissem e sentissem o que os personagens estavam passando, ultrapassando a mera experiência visual".[342] No entanto, como Julie Muncy avisou antes do lançamento, pode não ser a melhor ideia escolher um contexto que "muitos enxergam como o auge da crueldade arbitrária, um impasse brutal e sem sentido que matou cerca de 16 milhões de pessoas".[343] Aqueles que cresceram lendo poemas de Wilfred Owen, devem se lembrar de que ele alertou contra contar esse tipo de história para "crianças sedentas por alguma glória desesperada".[344] Essa é a primeira grande ocasião que esse momento histórico é explorado por jogos eletrônicos. Antes disso, "aspectos de memória da Primeira Guerra Mundial" têm sido "excluídos, ao menos parcialmente, por causa de sua natureza potencialmente con-

---

[342] James Orry, "Battlefield 1's Anthology Format Single Player Campaign Looks Amazing in First Trailer", Videogamer, 28 set. 2016. Disponível em: www.videogamer.com/news/battlefield-1s-anthology-format-single-player-campaign-looks-amazing-in-first-trailer.

[343] Julie Muncy, "A First-Person Shooter Set in WWI Is Maaaybe Not the Best Idea", Wired, 10 mai. 2016. Disponível em: www.wired.com/2016/05/battlefield-1-wwi.

[344] Wilfred Owen, *The Poems of Wilfred Owen*. Ware, Reino Unido: Wordsworth Editions, 1994, 60.

troversa e pelos problemas potenciais que os jogos estão enfrentando ao abordar essas questões".[345]

De maneira semelhante a esses jogos, a incrivelmente bem-sucedida série *Call of Duty* foi lançada em 2003. Os três primeiros lançamentos cobriram o cenário da Segunda Guerra Mundial (assim como o subsequente *World at War*) e envolveu a realização, pela equipe de desenvolvimento, de uma "extensa pesquisa para recriar tudo com a maior precisão possível, incluindo gravações de som das armas reais disparando, recarregando, e assim por diante".[346] Como Owen Good, um jornalista de jogos eletrônicos, notou, esse realismo brutal a serviço do entretenimento desrespeita as memórias dos indivíduos que realmente vivenciaram a guerra. Ao se mudar com seu avô, um coronel dos fuzileiros navais, Good decidiu: "não havia a menor possibilidade de que ele pudesse me ver jogando isso na sua casa", ele "foi, literalmente, um atirador na Segunda Guerra Mundial na sua juventude, em um dos conflitos mais sangrentos na campanha do Pacífico, e isso não era entretenimento".[347]

Nesse contexto histórico, nós não costumamos considerar qual seria a experiência de reviver esses eventos. Ainda assim, a maioria dos jogadores desses jogos não está revivendo experiências, mas recordando coisas específicas durante o jogo. Em termos gerais, existem dois tipos de lembrança que ocorrem

---

[345] Adam Chapman, "It's Hard to Play in the Trenches: World War I, Collective Memory and Videogames", *Game Studies* 16, n. 2, 2016.

[346] Citado em GameSpot Staff, "Call of Duty Q&A", GameSpot, 1º mai. 2003. Disponível em: www.gamespot.com/articles/call-of-duty-qanda/1100-6026083.

[347] Owen Good, "Black Ops II Chooses Someone Who Failed the Call of Duty", Kotaku, 4 mai. 2012. Disponível em: http://kotaku.com/5907854/black-ops-2-chooses-someone-who-failed-the-call-of-duty.

nos jogos de FPS. A primeira é o que Marianne Hirsch definiu como "pós-memória", que mostra a relação entre eventos históricos que aconteceram antes do nascimento da pessoa.[348] Ela reflete o tipo de memória que muitos de nós temos da Primeira e da Segunda Guerra Mundial – moldada por filmes e outras formas de narrativas populares. Como Adam Chapman argumenta: "Muitos jogos históricos estão entre os maiores sucessos populares contemporâneos dentre os produtos históricos".[349] Isso é particularmente importante devido "à impopularidade do ensino escolar de história" e ao fato de que "jovens escolhem usar seu tempo livre jogando jogos ambientados no passado".[350] Tais jogos não são elaborados para fornecer uma visão detalhada da história, mas sim com o objetivo de entretenimento que se baseia numa tentativa de realismo. O foco nas ações dos jogadores faz a experiência ser sobre eles, em vez de realizar uma abrangência sociológica da devastação que uma guerra mundial traz.

A segunda forma de relembrar é aquela em que nós ainda podemos ter uma conexão próxima aos eventos. Um jogo de FPS que serve como um bom exemplo é *Call of Duty 4: Modern Warfare*, que usa um cenário mais contemporâneo e um quadro muito mais familiar para a geração atual. Para muito dos jovens jogadores em 2007, a Guerra do Golfo de 1990 e a invasão do

---

[348] Marianne Hirsch, *The Generation of Postmemory: Writing and Visual Culture after the Holocaust*. Nova York: Columbia University Press, 2008.

[349] Adam Chapman, *Digital Games as History: How Videogames Represent the Past and Offer Access to Historical Practice*. Nova York: Routledge, 2016.

[350] Kevin O'Neill e Bill Feenstra, "'Honestly, I Would Stick with the Books': Young Adults' Ideas about a Videogame as a Source of Historical Knowledge", *Game Studies* 16, n. 2, 2016.

Iraque em 2003 tornaram-se eventos históricos. Mais uma vez, os desenvolvedores gastaram tempo em instalações anti-incêndio, discutiram as experiências com fuzileiros navais que lutaram recentemente e usaram veteranos para a captura de movimento e para o desenvolvimento da inteligência artificial.[351] O jogo apresenta uma missão chamada "Morte vindo de cima", na qual o jogador toma o controle do canhão de um caça AC-130. O jogador direciona o armamento via "granulado, baixa qualidade, visão noturna branca ou preto quente", evocando as "imagens da vida real que nós todos vimos, de bombas guiadas a *laser* e barulhos de artilharia destruindo alvos".[352] Não há nenhum risco direto para o jogador nessa fase, e é uma "cena tão sombria e desapaixonadamente realista como qualquer notícia de um jornal noturno".[353]

A sequência, *Call of Duty: Modern Warfare* 2, segue um tema similar, embora o impacto seja particularmente aumentado em um dos níveis do jogo intitulado "Sem russos". Antes da missão começar, há um aviso na tela dizendo que o que se segue apresentará material perturbador, e é oferecida ao jogador a oportu-

---

[351] Gamasutra Staff , "Exclusive: Inside the Making of Call of Duty 4", Gamasutra, 11 mar. 2008. Disponível em: www.gamasutra.com/view/news/108762/Exclusive_Inside_The_Making_Of_Call_Of_Duty_4.php.

[352] Steven Burns, "Death From Above: How COD4 Is the Most Realistic War Game Ever Made", Videogamer, 18 jan. 2014. Disponível em: www.videogamer.com/features/death-from-above-how-cod4-is-the-most-realistic-war-game-ever-made.

[353] Simon Parkin, "Call of Duty: Gaming's Role in the Military-Entertainment Complex", Guardian, 22 out. 2014. Disponível em: www.theguardian.com/technology/2014/oct/22/call-of-duty-gaming-role-military-entertainment-complex.

nidade de pular a missão, algo que serve apenas para aumentar ainda mais o teor do impacto. O jogador, um agente da CIA disfarçado, pode participar de um tiroteio em massa em um aeroporto como forma de ganhar a confiança de terroristas russos. Em nenhum momento o jogador tem que atirar na multidão de civis, apesar dele poder escolher participar ativamente ao invés de passivamente, mas os terroristas russos, os quais o jogador não controla, o farão de qualquer forma.

Os sucessores dos jogos *Modern Warfare*, a série *Call of Duty: Black Ops*, voltam à época da Guerra Fria e concentram-se nas chamadas operações clandestinas, um período de guerras por procuração, "travadas com perfeita clareza moral pelas pessoas que as financiavam, mas não pegavam em armas". É esse o éthos que Owen Good argumenta que o *Call of Duty* "encarna", com sua "substituição repulsiva; seu foco intenso em múltiplos jogadores e sua dinâmica de matar-morrer-renascer-matar-morrer como principal elemento de vendas do jogo", sem nenhuma "consequência metafórica da morte no principal modo do jogo".[354] A promoção do *Black Ops* 2 ainda envolveu a contratação do tenente-coronel Oliver North como porta-voz e consultor. North foi o principal ator no escândalo Iran-Contras nos anos 1980 (que é apresentado no jogo), organizando a venda de armas estadunidenses para o Irã enquanto desviava dinheiro para financiar rebeldes de direita dos Contras na Nicarágua, ambas atividades contrárias às leis estadunidenses. Como Mark Lamia, chefe do desenvolvimento do jogo, argumentou: "Nós não estamos tentando fazer uma declaração política com nosso jogo. Nós estamos tentando fazer uma peça de

---

[354] Good, "Black Ops 2 Chooses Someone Who Failed".

arte e entretenimento... Para nós, encontrá-lo enquanto criamos nossa ficção é totalmente apropriado".[355]

Essa mistura de materiais históricos com ficção já faz uma declaração política, tenham os desenvolvedores tido a intenção ou não. Utilizar uma figura como Oliver North normaliza o uso de operações clandestinas e assume uma posição em um período conturbado da história dos Estados Unidos. Envolve uma dessensibilização à violência e ao militarismo, construindo ligações entre o complexo industrial-militar e a indústria dos jogos eletrônicos. A importância dessa forma de memória é enfatizada por Matthew Payne, que evocou o trabalho sobre nacionalismo e "comunidades imaginadas" de Benedict Anderson.[356] A Guerra do Golfo, como vários outros conflitos imperialistas, *realmente* aconteceu. As histórias que foram contadas na época sobre esses eventos, tanto na sua preparação quando durante sua realização, moldam o projeto de nacionalismo. Uma infinidade de artefatos culturais forma os "blocos de construção de nossa memória coletiva nacional, unificando diferenças culturais de grupos distantes e de épocas distintas", e Payne argumenta que os jogos eletrônicos estão se tornando uma parte crucial desse processo.[357]

Além de lembrar conflitos específicos, pela memória ou pós-memória, os jogos de FPS têm outras influências. Isso também se aplica a jogos de maneira mais ampla, seja extrapolando para

---

[355] Stephen Totilo, "Call of Duty Creators Say Oliver North Helped Make Their Game More Authentic", Kotaku, 24 mai. 2012. Disponível em: http://kotaku.com/5913092/call-of-duty-makers-say-controversial-oliver-north-helped-make-their-game-more-authentic.

[356] Benedict Anderson, *Imagined Communities*. Londres: Verso, 1983.

[357] Matthew T. Payne, *Playing War: Military Video Games after 9/11*. Nova York: NYU Press, 2016, 7-8.

contextos diferentes em ficção científica (com o jogo *Halo* sendo um grande exemplo), seja tomando outras formas. Como Payne nos lembra, "um jogo não precisa reproduzir explicitamente nosso mundo para se referir a ele".[358] Assim como vimos anteriormente, as conexões junto ao complexo industrial-militar destacam como os jogos realmente exercem influência em nosso mundo. No entanto, também é inteiramente possível jogá-los sem aceitar (criticamente ou não) suas configurações políticas. O apelo dos jogos de FPS também reside na retroalimentação e na facilitação do fluxo dentro do ambiente de jogo, o foco do jogador está geralmente nas mecânicas do jogo e nas decisões imediatas que estão sendo tomadas. Não há um mecanismo de transmissão claro pelo qual os valores do jogo são passados ao jogador. Por exemplo, no *GoldenEye* a experiência sentida pelos jogadores nas competições de múltiplos participantes está bem distante da política existente no modo de jogo individual.

Apesar disso, quando os jogos abordam eventos históricos ou se sobrepõem à política do mundo real, é importante descobrir que tipos de histórias eles estão contando sobre o nosso mundo. Outro exemplo que vale a pena examinar é a série de jogos de longa data *Tom Clancy*. Ela é baseada em especificidades técnicas e em livros militares sobre espionagem, seguramente fetichistas, que Clancy escreveu. Em particular, a franquia *Splinter Cell* foca em Sam Fisher, um agente que opera além do direito internacional e das regras de contratação. A versão de 2013, *Blacklist*, coloca Fisher em oposição a um grupo terrorista exigindo que os Estados Unidos retirem todas as suas tropas do exterior, um recuo que dentro do jogo é considerado inimaginável. Fisher luta para garantir que os Estados

---

[358] Payne, *Playing War*, 5.

Unidos possam continuar a ocupar outros países e ameaçá-los com uma possível guerra. Em uma *demo* do jogo apresentada em um evento de jogos, houve uma sequência em que Fisher entra em uma tenda e executa duas pessoas, capturando uma terceira. Fisher interroga o prisioneiro, e após não receber a resposta que esperava, começa a esfaqueá-lo na altura da clavícula. Nesse momento, o jogador pode então controlar o movimento da faca com seu controle até que o homem representado graficamente forneça a resposta. Embora outras cenas gráficas tenham sido apresentadas no antecessor de *Splinter Cell, Conviction,* essa cena em particular foi posteriormente removida em favor de um "interrogatório aprimorado" não interativo (para usar o eufemismo estadunidense), oferecendo apenas uma "escolha moral" depois da captura do terrorista na qual o jogador pode "escolher entre matar ou nocautear sua vítima recentemente torturada".[359]

Essa abordagem insensível é uma reminiscência do personagem Jack Bauer na série de TV 24 *Horas*, com os fins sempre justificando os meios quando lidando com terrorismo. A popularização dessa narrativa pode ter um efeito duplo: normaliza a tortura como método necessário e sustenta a ideia de que o tipo de inteligência gerado por ele pode ser realmente utilizável. No entanto, promover a narrativa chama a atenção simultaneamente para essas práticas. O momento descrito acima em *Blacklist* é também um breve momento que contrasta fortemente com o restante dos jogos eletrônicos, que se desenvolvem principalmente em torno de ações furtivas (não de uma perspectiva de primeira pessoa), e demandam habilidades

---

[359] Tom Bissell, "Thirteen Ways of Looking at a Shooter", Grantland, 12 jul. 2012. Disponível em: http://grantland.com/features/line-explores-reasons-why-play-shooter-games.

exigentes dos jogadores à medida que eles andam pelo mapa, evitando ser detectados.

Half-Life, lançado em 1998, não é um jogo de guerra no estilo dos que acabamos de discutir, e também não lida com tortura. É um jogo de ficção científica em FPS apresentando o físico teórico Gordon Freeman (embora sua voz nunca seja ouvida e ele nunca seja visto), e a abertura de um portal interdimensional na instalação de pesquisa Black Mesa. É inteiramente experienciado pela visão em primeira pessoa, sem cortes, algo que era pouco comum no momento em que foi lançado. Começa com o novato Freeman em combate, armado no início apenas com um pé-de-cabra, enfrentando tanto aliens como, depois, militares. O jogo é importante, tanto como um legado do gênero de FPS, como jogo-base para a modelagem de *Counter-Strike*.

A versão atual, *Counter-Strike: Global Offensive* (ou CS:GO), atualizou a fórmula: em um jogo com dois times, terroristas indefinidos (TS) enfrentam contraterroristas (CTS). No modo de jogo mais popular do CS:GO, a competição se resume a um lado plantando uma bomba enquanto o outro tenta disativá-la. Um lado recebe a icônica arma terrorista, o rifle AK-47; enquanto ou outro recebe o fuzil M4, fabricado nos Estados Unidos. O CS:GO é uma abstração de terrorismo com dois lados similares, tempo limitado e competições repetidas. As curtas rodadas do jogo não têm consequências além dos jogadores somarem mais pontos; qualquer discussão política explícita é substituída pela repetição de competições qualificadas de um time contra o outro. Ainda assim, traços familiares aparecem aqui: o fato de os combatentes serem apenas homens, o uso do termo Oriente Médio e outros estereótipos locais, e os turbantes palestinos que os terroristas usam. Não há nenhuma explicação para as ações dos terroristas, deixando-os apenas como a negação vio-

199

lenta dos contraterroristas, e presumivelmente, do Ocidente. No entanto, eu raramente pensei sobre as diferentes configurações e modelos de personagens enquanto jogava *CS:GO*, ao qual eu tenho regularmente voltado ao longo dos anos. O jogo resume a dinâmica do gênero de FPS em seus apelos e em suas características mais básicas: uma combinação de habilidades necessárias e rejogabilidade.

Um destaque particular, que difere dos jogos acima, é o subversivo *Spec Ops: The Line*, um outro lançamento da série que, no entanto, foi significativo e inesperado. Como Kristine Jørgensen argumentou: é um jogo normal que usa as convenções do FPS, "mas também as subverte de alguma forma".[360] O jogo começa com uma cena de um jogador andando de helicóptero, mas o helicóptero cai e o jogador é morto. A partir desse início incomum, ele volta no tempo, e "as coisas pioram a partir de então". O jogo se inspira no *Apocalypse Now*, no qual o protagonista (capitão Martin Walker) atua como um narrador não confiável. Eu joguei esse jogo sem saber a política por trás dele, e a experiência foi perturbadora. Se você ainda não jogou e pensa que deveria, valeria a pena experimentar por si mesmo antes de ler esta seção.

No início do *Spec Ops*, a missão é apenas de reconhecimento; no entanto, ela acelera rapidamente em mais e mais mortes. Por exemplo, em um momento Walker e seus dois aliados atacam uma base inimiga. Eles assassinam um vigia e detectam o que parece ser "um exército", então observam uma argamassa abandonada. Quando Walker ordena para que ela seja preparada, um dos aliados exclama: "Você está brincando, certo? Isto é fósforo branco... Você já viu o que esta merda faz? Você sabe

---

[360] Kristine Jørgensen, "The Positive Discomfort of Spec Ops: The Line," Game Studies 16, no. 2 (2016).

que não podemos...". Ele é interrompido pelo outro: "Pode ser que não tenhamos escolhas". "Há sempre uma escolha", o primeiro aliado responde. O protagonista responde, "Não, na verdade não há", e procede em preparar a argamassa. Pela mesma visão granular da câmera na cena de "Morte vindo de cima", do *Call of Duty*, as bombas são lançadas de cima, embora dessa vez apenas um reflexo do rosto sem emoção de Walker seja visível. Diferentemente de *Call of Duty*, a próxima parte da cena envolve entrar na área diretamente após a carnificina. A equipe se move pela área e encontra um soldado fatalmente ferido que apenas pergunta: "Por quê?", e então diz: "Nós os estávamos ajudando". Em seguida move-se para um corte de cena que mostra a equipe caminhando sobre centenas de corpos de civis queimados vivos durante a ofensiva. Essa cena marca o momento em que o enredo se transforma em uma "narrativa sombria da síndrome de estresse pós-traumático e uma operação militar que deu muito errado". No entanto, o que torna esse momento diferente daqueles normalmente descritos no filme é "a sensação de estar participando dos eventos, não apenas os testemunhando pelo sentimento de ser cúmplice das ações que ocorrem no jogo".[361]

O *Spec Ops* é um conflito imaginário, não baseado em eventos reais. A narração do Walker vai se tornando cada vez mais surreal conforme o jogo se desenvolve, "mergulhando no abismo dos crimes de guerra e eventualmente em um ponto onde a morte parece ser a melhor opção para o final do jogo".[362] Como Daniel Joseph argumentou: o jogo é "uma abominação, uma criança-demônio vomitada pela indústria do videogame".[363]

---

[361] Jørgensen, "The Positive Discomfort of Spec Ops".

[362] Jørgensen, "The Positive Discomfort of Spec Ops".

[363] Daniel Joseph, "A Line in a Cyclone", First Person Scholar, 21 dez.

Essa não foi a primeira tentativa de reviver a série *Spec Ops*, mas o estúdio de desenvolvimento Yager aceitou o desafio, apesar de não ter experiência nessa área. O que, mais tarde, foi descrito como uma relação tensa entre desenvolvedor e editora, algo bem diferente do "jogo militar de nacionalismo exacerbado e diversão repetitiva de atirar e matar" estava sendo criado.[364] O jogo final levanta perguntas retóricas como: "Que tipo de pessoa gosta tanto de mortes virtuais a ponto de passar horas preso nisso?". Ele usa o formato interativo para proporcionar uma experiência reflexiva, bem diferente dos outros jogos de FPS. É engraçado (de certa forma), na medida em que o jogo ainda se baseia na perspectiva de FPS para atrair o jogador, também fornece um espaço para refletir sobre como e por que esses jogos são atraentes. Ainda continuo pensando sobre o *Spec Ops* de tempos em tempos, uma experiência que deixou uma marca no meu entendimento sobre os jogos eletrônicos. Ele também aponta para outras formas de fazer e jogar jogos sobre violência militar.

O que pode ser percebido nos jogos de FPS é que eles têm um relacionamento estreito com os militares, de forma direta ou indireta, frequentemente junto com uma posição ideológica explícita sobre guerras. São vivenciados pela perspectiva de primeira pessoa, permitindo aos jogadores "verem" a guerra, não apenas pelos olhos virtuais, mas também, na maioria das vezes, por uma perspectiva imperial estadunidense. Embora os jogadores possam codificar e decodificar essas experiências de diversas formas, eles também são levados, de algum jeito, a refletir e agir com relação à ideologia do conflito militar e do im-

---

2016. Disponível em: www.firstpersonscholar.com/a-line-in-a-cyclone.
[364] Bissell, "Thirteen Ways of Looking at a Shooter". Role-Playing, Simulations, and Strategy.

perialismo. Os jogos de FPS também vão além de outros jogos militares: colocam o jogador como um ator-chave, decisivo nas mudanças dos eventos. Esse claramente não é o caso em uma guerra, um soldado solitário não venceu batalhas históricas, nem os conflitos contemporâneos são frutos de uma só pessoa. Essa posição do jogador também faz desses jogos uma poderosa experiência alienante, e de uma forma que não é tão direta como naqueles em que os jogadores escolhem como jogar.

RPG, simuladores e estratégia

Ao passo que analisar jogos de FPS é importante para compreender a sensação de jogar, também existem muitos outros gêneros e formatos que podem expandir nossa compreensão. Os particularmente interessantes aqui são os jogos de *Role-playing games* (RPGs), simulação e estratégia.

Os RPGs envolvem, claramente, os aspectos de simulação (o que Caillois chamou de *mimetismo*),[365] permitindo ao jogador se imaginar como outro personagem e refletir como o personagem atuaria em um determinado cenário. Muitos desses jogos são desenhados na tradição dos jogos de RPG de papel e caneta, como o *Dungeons & Dragons*, incorporando a criação do personagem, mas com o jogo realizando as funções de "mestre" e os rolamentos dos dados. Isso reduz significativamente as barreiras para se jogar RPG, não necessitando mais da presença física, de coordenação e uma experiência refinada dos jogadores. *Baldur's Gate* e a série *The Elder Scrolls* são bons exemplos da escala e do alcance desses tipos de RPG, com sua ambientação bem fantasiosa, final aberto e forma livre de jogar. Tais jogos produzem duas formas de experiência. A primeira é o escapismo. Os jogos geralmente envolvem fantasias poderosas, nas quais o personagem do jogador cresce em força e desafia algum tipo de grande ameaça ou mal. A segunda é a contação de histórias. Similar aos jogos de FPS (seja o RPG experienciado

---

[365] Roger Caillois, *Man, Play and Games*. Urbana and Chicago: University of Illinois Press, 2001, 12.

em primeira pessoa, seja por outro tipo de ponto de visão), o formato do RPG permite ao jogador viver uma história como um participante ativo.

As histórias que são contadas ao longo do RPG diferem de acordo com as escolhas do jogador. Por exemplo, em *Deus Ex*, que permite ao jogador explorar e interagir com um mundo *cyberpunk* sombrio, os cenários podem ser completados de diversas formas, tanto com escolhas violentas ou não violentas. Cada novo jogo oferece diferentes histórias, em que o jogador pode experimentar com sua própria agência e ver como isso afeta uma conspiração global. Aqui vale a pena a comparação dessa mídia com filmes. Enquanto o filme *Star Wars* mostra uma perspectiva bem clara do "bem" contra o "mal", o jogo *Star Wars: Knights of the Old Republic II* oferece muito mais nuances porque o jogador pode explorar esses temas da forma como escolher. Em *Arcanum: Of Steamworks and Magick Obscura*, os temas de fantasia são explorados dentro do tumulto de uma revolução industrial, enquanto a série retrô futurista *Fallout* lida com grandes questões, como a inutilidade da guerra e o apocalipse nuclear. Esses exemplos, junto com vários outros, não apenas fornecem cenários onde as contações de histórias acontecem; seu formato também cria um espaço no qual os jogadores podem ler eventos e contar histórias de perspectivas bem diferentes, além de escolher como eles vão interagir com as pessoas que conhecem e as facções que encontram. As interações podem ser informadas e lidas de maneiras bem variadas.

O tipo de história que esses jogos contam é importante, mas também o é a forma como elas são construídas. Esse sistema vinculado a regras sempre terá seus limites, e mesmo os RPGS com caminhos múltiplos têm suas restrições. Parte do desafio é ir jogando dentro de mundos, empurrando-os contra essas restrições e experimentando o quão longe um jogador pode ir. Vários jogos de RPG começam com a opção de criar personagem, dando a sensação de uma experiência customizável. No entanto, "dependendo do que é incluído ou mostrado, nós podemos colher o posicionamento do desenvolvedor sobre raça e gênero, entre outras coisas. Talvez eles não sintam que a inclusão de diferentes raças e gênero seja importante, por exemplo".[366] Muitas vezes há muito mais opções para personagens caucasianos, com limitações na representação do personagem (vozes, sotaques, cor de pele, tipos de cabelo e assim por diante). Não é divertido experimentar esse tipo de restrição quando se joga; ao contrário, elas estão impregnadas de preconceitos que alguns elementos de jogabilidade naturalizaram, antes mesmo do jogo começar. Alguns aspectos precisam ser mudados, principalmente quando um jogo afirma que permite ao jogador moldar o mundo por suas ações. Criticar esses aspectos não significa criticar o jogo inteiro, mas, em vez disso, pressionar por um mundo de jogo em que um amplo alcance de experiências e opções possam ser exploradas.

Além dos jogos de RPG, com seu foco em personagem único, estão os jogos de simulação. *Populous* é um dos primeiros exemplos em que o jogador assume o papel de um "deus". O jogador tem uma visão de cima para baixo, capaz de interagir de cima, ajudando ou dificultando seus seguidores. Essa abstração do ponto de visão da perspectiva em primeira pessoa é claramente uma fantasia de poder, que permite aos jogadores interagirem com maquetes do mundo. A partir desse ponto de

---

[366] Patricia Hernandez, "There's No Such Thing as a Game without Politics or an Agenda", Kotaku, 30 ago. 2012. Disponível em: https://kotaku.com/5939367/theres-no-such-thing-as-a-game-without-politics-or-an-agenda.

partida marcante de *Populous*, a perspectiva de cima para baixo evolui amplamente em três direções. A primeira é o jogo incrivelmente popular *The Sims*, no qual os jogadores utilizam esse tipo de perspectiva para jogar o que é essencialmente uma "casa de bonecas digital". É uma das séries de jogos eletrônicos mais populares de todos os tempos, vendendo mais de duzentos milhões de cópias.[367] Como Jon-Paul Dyson, diretor do International Center for the History of Electronic Games, argumentou: "O jogo teve um apelo universal, com o número de jogadoras mulheres superando os homens, e adultos tão apaixonados pelo jogo quanto crianças... E ao transformar o computador em um brinquedo para explorar a complexidade da experiência humana, *The Sims* expandiu radicalmente a noção do que um jogo poderia ser".[368] Embora isso seja um ponto importante, também vale a pena pensar sobre os tipos de histórias que se pode contar dentro do jogo. Elas oferecem ao jogador essencialmente o que pode ser definido como uma caixa de areia, não existem objetivos definidos. Em vez disso, o jogador cuida das necessidades e dos humores dos habitantes virtuais. No entanto, existem limitações quanto à maneira que elas podem ser tratadas, principalmente envolvendo a formação de uma família funcional nas quais os adultos trabalham e compram várias mercadorias num círculo contínuo. O *designer* Will Wright explicou que originalmente o *The Sims* foi projetado como uma sátira da cultura do consumo, no entanto, parece que isso foi

---

[367] National Museum of Play, "2016 World Video Game Hall of Fame Inductees Announced", 2016. Disponível em: www.museumofplay.org/press/releases/2016/05/2688-2016-world-video-game-hall-fame-inductees-announced.

[368] Citado em National Museum of Play, "2016 World Video Game Hall of Fame".

perdido ao longo do tempo.[369] Apesar disso, jogadores arranjaram formas de contar outras histórias ou brincar com os "sims". E um exemplo infame, os jogadores perceberam que eles poderiam matar um "sim" removendo a escada de suas piscinas, impossibilitando-o de sair de lá, fazendo com que ele se afogue. Como um desenvolvedor no *The Sims* 4 observou: a "reação do jogador a um jogo *The Sims* sem piscina era tão intensa que os desenvolvedores sabiam que eles tinham de corrigir a situação o mais rápido possível".[370]

A série *SimCity* existe em uma escala maior. O contexto é a cidade, em vez da casa, levando o foco para uma massa de cidadãos anônima e muito maior. O *SimCity* usa uma experiência similar à de uma casa de bonecas, ou de uma "caixa de areia". Também demonstra normalmente como o jogador pode lidar com problemas de trânsito de forma muito mais eficaz do que as administrações locais do mundo real. A cidade começa como uma tábula rasa, com o jogador podendo gerar a paisagem de onde eles podem começar o planejamento da cidade. Em várias interações isso envolve mais formas de organizar a cidade, desde o zoneamento básico em um padrão de mapa quadriculado até organizações mais complexas de serviços públicos, transporte e demais facilidades. Enquanto esse tipo de poder fantástico fornece uma maneira de um jogador imaginar que ele pode centralizar o planejamento de uma cidade inteira, ela se desenvolve em uma direção linear, envolvendo problemas

---

[369] Citado em Charlie Brooker, "How Videogames Changed the World", Channel 4, 30 nov. 2013.

[370] Citado em Alexa Ray Corriea, "Death and Pool Ladders in The Sims 4", Polygon, 9 out. 2014. Disponível em: www.polygon.com/2014/10/9/6951277/death-and-pool-ladders-in-the-sims-4.

emergentes à medida que a cidade cresce, que podem então ser resolvidos com uma nova técnica ou tecnologia.

Infelizmente, isso está bem distante da realidade das cidades contemporâneas e de suas formações históricas, que se baseiam em séculos de limitações em planejamento e tomadas dispersas de decisões. Ela também deixa de fora a forma como as cidades são moldadas pela resistência e organização das pessoas que moram nelas. As pessoas que podem ser espionadas de cima no jogo podem reclamar sobre problemas de tráfego ou petições para uma nova instalação, mas a decisão de responder a essas demandas fica a cabo do jogador. Isso falha em resolver a realidade de cidades como Londres (na qual moro), que está marcada pela luta de classes, tanto de cima como por baixo. No entanto, é um pouco injusto criticar uma simulação por não incluir tudo. Afinal, uma simulação é uma abstração, e requer que cada dinâmica nela seja codificada. Seria um grande desafio codificar uma representação acurada da resistência e gentrificação em uma cidade, já que as lutas das pessoas são mais difíceis de serem abstraídas do que os modelos de clima ou de trânsito. O problema "para codificar alguma coisa, para incluir algo qualquer em um jogo está em definir como isto funciona".[371] Como o processo de codificação em um jogo envolve decidir o que será e o que não será incluído, é portanto um ato político de uma forma óbvia e sutil. Apesar dessas limitações, esses jogos de *sandbox* também permitem uma experiência utópica, como é evidente na etapa final do *SimCity*, na qual o jogador pode construir enormes arcologias, não apenas direcionando para uma maneira alternativa de organizar uma cidade, mas eventualmente, no caso de um recente lançamento da série *Civilization*, abandonar a Terra e colonizar o espaço.

---

[371] Hernandez, "There's No Such Thing".

Operando em uma escala ainda mais ampla, a série de jogos *Civilization* permite ao jogador guiar uma sociedade desde 4000 a.C. até o futuro. Eu quero me concentrar particularmente em *Civilization* em detrimento de milhares de outros títulos por duas razões: primeiro, o jogo lida especificamente com a história em um nível social, sendo um excelente candidato a ser explorado por Marx e seu método de materialismo histórico; segundo, *Civilization* continua sendo um dos meus jogos favoritos, uma série que joguei por quase toda a minha vida. O primeiro jogo da série foi lançado em 1991, um influente exemplo de "4x", um termo referente às quatro rotas nas quais o jogador pode chegar à vitória: *explore, expand, exploit,* e *exterminate* [explorar, expandir, espoliar e exterminar]. O jogo baseado em turnos permite ao jogador fazer escolhas sobre a organização e a direção de uma civilização. Como o criador da série, Sid Meier, explicou: "Eu prefiro jogos que podem ser direcionados para onde o jogador quiser... E então eles têm um tipo de final com uma história única que só eles podem conhecer".[372] Esses jogos facilitaram o crescimento da contação de histórias emergente, uma característica incrivelmente atraente. O formato da paisagem em que você inicia o jogo, o progresso de suas diferentes cidades e seus relativos sucessos, a interação com civilizações amistosas e rivais que você encontra, tudo isso leva a histórias diferentes que o jogador pode criar em um jogo, "experimentando" ao longo do caminho (para adicionar outro x a esse conjunto).

Novamente, nessas caixas de areia virtuais, o jogador é livre para escolher o que quer fazer. No entanto, os jogos 4x geral-

---

[372] Citado em Jason Schreier, "Sid Meier: The Father of Civilization", Kotaku, 26 jun. 2013. Disponível em: https://kotaku.com/the-father-of-civilization-584568276.

mente omitem partes importantes da história da humanidade. Por exemplo, não existem escravos no *Civilization*, "e alguns o criticaram por essa flagrante omissão histórica".[373] Em uma entrevista, Meier ofereceu uma explicação do porquê de sua equipe deixar de fora aspectos controversos da história humana como a escravidão:

> Uma das coisas que nós realmente tentamos evitar em nossos jogos é: "esta escolha não seria a coisa certa a fazer, mas me ajudará a ganhar o jogo", colocando os jogadores nesse tipo de dilema moral. Não é sobre isso que nossos jogos são. Nós queremos que você se sinta bem consigo mesmo ao terminar o jogo.[374]

Dado que a escravidão tem um papel fundamental na formação do capitalismo industrial, isso não é deixar de lado um momento da história, mas apagar uma parte fundamental dela.[375]

O que o *Civilization* faz é oferecer ao jogador um conjunto de regras para acompanhar sua caixa de areia. Meier explica: "Você está lidando com regras claras e intuitivas, e baseando sua estratégia nas interações entre elas... Como elas interagem umas com as outras, e como você realiza essas escolhas, é onde reside o interesse, onde as decisões interessantes aparecem".[376] No entanto, o jogo insinua que essas regras são neutras, apesar da omissão da escravidão e de outros "dilemas morais" (como Meier se refere a eles). A história é concebida como uma pro-

---

[373] Schreier, "Sid Meier".

[374] Schreier, "Sid Meier".

[375] Eric Williams, *Capitalism and Slavery*. Chapel Hill e Londres: University of North Carolina Press, 1994.

[376] Chris Suellentrop, "'Civilization' Creator Sid Meier: 'I Didn't Really Expect to Be a Game Designer'", *Rolling Stone*, 8 mai. 2017.

gressão linear de milhares de anos, com novas tecnologias incrementando e melhorando gradualmente a sociedade.

Meier explicou que ele e sua equipe "acolhem a teoria do progresso da civilização", mas que ele "sabe que pode ser controverso".[377] Eles consideraram implementar uma dinâmica de "ascensão e queda" no jogo, mas descobriram que "as pessoas não estão inclinadas a aproveitar a parte da queda" e param de jogar. Apesar das limitações do modelo histórico utilizado no *Civilization*, Meier acredita no jogo e no que ele pode revelar:

> O jogo reflete algumas verdades fundamentais sobre as civilizações, mas ele não pretende ser a palavra final sobre como elas funcionam. Eu acho que faz um bom trabalho mostrando como pequenos pontos de virada (você sabe, o efeito borboleta), ou pequenas mudanças podem levar a história em uma direção completamente diferente. Nós tendemos a dar como certo que a história teve de ocorrer do jeito que ocorreu. Mas uma das lições do *Civilization*, coisa que eu acredito, é que com pequenas mudanças, as coisas poderiam ser diferentes.[378]

O jogo oferece, portanto, uma caixa de areia atraente e parcial em que algumas dessas dinâmicas podem ser exploradas. Novamente, como mencionei antes, esta crítica não é para dizer que o jogo seja impossível de jogar, a realidade é que esses tipos de jogos são incrivelmente atraentes. Contudo, apresentar esses limites de regras também é parte importante de se pensar historicamente, talvez apontando para onde outros tipos de simulações poderiam chegar. O problema é que é bem difícil fazer história, o que Colin Campbell chama "o caos dos eventos hu-

---

[377] Citado em Suellentrop, "'Civilization' Creator Sid Meier".

[378] Citado em Schreier, "Sid Meier".

manos", e "transformá-la em sistemas altamente previsíveis que sempre façam o que o jogador espera que eles façam".[379] Mas isso é exatamente o que esses jogos fazem, tentando apresentar "o desenvolvimento da história como uma cadeia clara de causa e efeito".[380]

Normalmente, tais sistemas previsíveis são organizados em três áreas-chaves: economia, política e guerra (as versões mais recentes de *Civilization* também incluem a cultura), e os jogadores progridem no jogo ganhando pontos que podem ser usados para dominar seus oponentes. Isso naturaliza o capitalismo, com sua dinâmica de acumulação, imperialismo e conflito. Enquanto o jogo permite experimentações com diferentes escolhas dentro do curso da história humana, elas são limitadas pelas regras, assim como as diferentes possibilidades de desenvolver um jogo são limitadas pelo uso dos *kits* de desenvolvimento de *softwares*, como eu expliquei na Parte 1.

Sistemas alternativos de governo são disponíveis no *Civilization*, mas eles têm efeitos limitados na jogabilidade. Por exemplo, o movimento comunista é reduzido a três modificações no *Civilization VI*, por exemplo: "unidades terrestres ganham +4 pontos de força de defesa", "+0,6 de produção por cidadão em cidades com governadores" e "+15% de produção em todas as cidades". Em vez de uma futura classe social de trabalhadores emancipados, é resumido a unidades mais fortes e produção

---

[379] Colin Campbell, "Karl Marx and the Historical Determinism of Video Games", Polygon, 18 mar. 2018. Disponível em: www.polygon. com/platform/amp/2016/3/18/11264172/karl-marx-and-the-historical-determinism-of-video-games.

[380] Kevin Schut, "Strategic Simulations and Our Past: The Bias of Computer Games in the Presentation of History", *Games and Culture* 2, n. 3, 2007, 221.

adicional, equivalente à militarização e aos planos quinquenais da Rússia stalinista. É a isso que Hal Draper se refere como "socialismo de cima", um socialismo "entregue às massas agradecidas de uma forma ou de outra, por uma elite burocrática que não está sujeita ao seu controle". Este não é o tipo de processo que nós defenderíamos com base no marxismo apresentado neste livro. Draper contrasta: "socialismo de cima" com "socialismo de baixo", que pode "ser realizado apenas pela autoemancipação das massas ativas em movimento, conquistando a liberdade com suas próprias mãos, mobilizadas 'de baixo' em uma luta para tomar o controle do seu próprio destino, como atores (não apenas como coisas) no palco da história".[381] No entanto, a introdução desse tipo de sistema dentro do *Civilization* seria bem difícil de executar, pois isso significaria o jogador renunciar ao controle de seu poder sob a massa virtual. Sem dúvida a coisa certa a fazer, mas menos divertida para o jogador, uma vez que ele não seria mais necessário!

É importante que colocações desse tipo sejam feitas, pois houve também uma interação educacional do jogo, chamada *Civilization*EDU, que foi desenvolvida para ser usada em escolas. Ela foi proposta para "fornecer aos estudantes uma oportunidade de pensar criticamente e criar eventos históricos, considerar e avaliar as ramificações geográficas de suas decisões econômicas e tecnológicas, e envolver-se em pensamentos sistêmicos e experiências com as relações causais/correlativas entre militares, tecnologia, política e desenvolvimento socioeconômico".[382]

---

[381] Hal Draper, "The Two Souls of Socialism", *New Politics*, 5, n. 1, 1966, 58.

[382] Citado em Bryant Francis, "Firaxis Partners with Glasslab for Educational Version of Civilization v", Gamasutra, 23 jun. 2016. Disponível em: www.gamasutra.com/view/news/275717/Firaxis_

Embora o *Civilization* possa definitivamente fornecer algumas ideias sobre a história geopolítica, nós também precisamos pensar de que forma, como Marx e Engels argumentaram: "As ideias da classe dominante são, em cada época, as ideias dominantes, isto é, a classe que é a força material dominante da sociedade é, ao mesmo tempo, sua força espiritual dominante".[383] Isso significa que ideias radicais ou diferentes interpretações de eventos podem ser bloqueadas, seja pela sua direta competição com as ideias dominantes ou, como no caso do *Civilization*, porque as regras do jogo impedem outras formas de atuação ou de explorar a história. Embora o *Civilization*EDU tenha sido uma tentativa de fazer o jogo mais preciso para fins educacionais, ele ainda impede a exploração de formas alternativas de gestão social, reforçando a visão global capitalista.

A progressão linear do *Civilization* está bem longe da abordagem materialista histórica proposta por Marx. Falta no jogo, obviamente, uma compreensão complexa da luta de classes como base para o entendimento histórico, mas isso também não deve soar como surpresa. As mecânicas dos jogos de estratégia ou simulação criam uma relação com o jogador que está dirigindo de cima, enquanto que o marxismo segue uma perspectiva ao nível do chão ("socialismo de baixo"), baseado na atividade própria da classe trabalhadora. Portanto, no *Civilization*, a dinâmica marxista está reduzida ao mínimo, ou inteiramente excluída do conjunto de regras do jogo, ou substituída por uma perspectiva stalinista ("socialismo de cima"). No entanto, deve-se lembrar que o *Civilization* não é uma tentativa de modelar a sociedade com todas as suas complexidades e, apesar

---

partners_with_GlassLab_for_educational_version_of_Civilization_V.php.

[383] Marx e Engels, *A ideologia alemã*. São Paulo: Boitempo, 2007, pg. 72.

dos seus problemas, apresenta a possibilidade de que a história, dentro de certos limites, possa ser explorada.

Alpha Centauri, um dos últimos lançamentos da série *Civilization*, apresenta ao jogador escolhas bastante diferentes. O jogo começa onde os anteriores normalmente terminam, com lançamento de uma nave espacial colonizadora para o planeta habitável mais próximo. O jogador pode experimentar o jogo com sete facções de ideologias diferentes (expandidas para quatorze, posteriormente), cada uma com uma visão de como reconstruir a sociedade nesse novo mundo. O mundo alienígena é ele mesmo uma das opções de facção, a qual o jogador pode tanto lutar contra como encontrar novas formas de desfrutar a coexistência. Esse tipo de caixa de areia permite uma reflexão sobre as ideologias contemporâneas, expressas em um contexto diferente, ainda de uma perspectiva de cima para baixo, tanto visualmente como politicamente. Em ambos os casos, a série *Civilization* ainda é muito jogável, tão viciante que hoje o costume de jogar "só mais um turno" remete ao jogo original da série.[384]

---

[384] Suellentrop, "'Civilization' Creator Sid Meier". Political Videogames.

Jogos políticos

Criticar esses gêneros de jogos eletrônicos, como eu fiz nos capítulos anteriores, não significa dizer que eles não devam ser jogados, assim como podemos criticar Hollywood e ainda desfrutarmos ao assistir os filmes que eles lançam. No entanto, assim como os filmes de Hollywood não os únicos tipos de filme, também há uma variedade de jogos na indústria que merece a nossa análise. Entre eles está a expansão do gênero "jogos políticos".

Quando eu era um pesquisador de pós-doutorado, trabalhei em um breve projeto sobre jogos eletrônicos que lança luz sobre a importância política, não apenas do gênero dos jogos políticos, mas nos jogos eletrônicos de forma geral. O projeto foi financiado para explorar o impacto e o potencial dos jogos eletrônicos, tanto com relação ao seu desenvolvimento como à sua jogabilidade. Durante esse período, eu vi o potencial, tanto bom quanto ruim, dos jogos eletrônicos. O coordenador do projeto importou técnicas da indústria de jogos e de tecnologia, incluindo reuniões de equipe de segunda-feira pela manhã, indicadores-chave de desempenho (KPIs – *key performance indicators*), e algo chamado de "objetivos do pôr do sol". Para decidir a direção do projeto, nós "jogamos" um jogo de tabuleiro no estilo do tarô para escolher arquétipos para a natureza geral do projeto, como "o trapaceiro", "a criança", e assim por diante. A inspiração em Carl Jung tinha pouco, ou quase nada a ver com conduzir um projeto de pesquisa acadêmica. A noção inicial era que adotar as práticas gerenciais da indústria de jogos e de tecnologia levaria subitamente a resultados acadêmicos mais rápidos, pode não ser surpresa escutar que isso não aconteceu. "Gamificação" era um termo usado regularmente, referindo-se à aplicação de aspectos de jogos em outros contextos. Nós o abordamos como um conceito que poderia ser aplicado em inúmeros cenários, melhorando a educação, a aptidão, a saúde, a produtividade e assim por diante. E muitos dos participantes do projeto o levaram a cabo. Era impressionante como nós realmente acreditávamos que os jogos poderiam ter um impacto no mundo.

O que faltava no foco do projeto era o efeito que a gamificação já estava tendo no mundo real. Quando eu trabalhei em um *call center* como parte de uma investigação para meu último livro, eu vi em primeira mão o uso da gamificação no trabalho. O *call center* era repleto de maneiras diversas de coletar medidas de desempenho dos trabalhadores. No mais baixo nível, uma tela enorme sobre o chão do *call center* comparava o desempenho dos trabalhadores em tempo real, classificando-os do melhor para o pior. Embora isso nunca tenha me convencido a tentar o meu melhor para chegar ao topo da liderança, certamente me motivou a me esforçar um pouco mais para não ficar na última posição durante todo o turno. Afinal, um baixo desempenho poderia resultar na minha demissão sem aviso prévio. E havia mais formas sofisticadas de gamificação que os gerentes usavam para motivar os trabalhadores. Por exemplo, solicitar aos trabalhadores a jogarem jogos antes do expediente como uma forma de conduzi-los a um clima favorável para executar o trabalho emocional ao telefone. Outros tipos de competição eram organizados entre os trabalhadores, seja individualmente ou em equipes, com prêmios e penalidades como incentivos. No que mais tarde se revelou como um resultado revelador, o incentivo mais poderoso para as vendas era a recompensa de sair mais cedo. Nenhum outro prêmio, nem chegar ao topo do quadro de liderança, ou receber cupons de compra, ou qualquer outra coisa motivava mais as pessoas quanto não ter de ficar em um ambiente de trabalho gamificado.[385]

No outro projeto de pesquisa em que trabalhei, não se tinha noção do amplo alcance da gamificação. Ao contrário, os jogos eram vistos apenas como um tipo de panaceia para o esgotamento e o tédio do mundo moderno, distante da realidade social e econômica que a maioria das pessoas enfrenta todo dia. Apesar das pessoas se recusarem a se envolver com a questão do poder, a gamificação é política. Por exemplo, uma das sugestões da equipe de pesquisa (criada depois de eu sair do projeto, importante ressaltar) foi colaborar com a polícia para fazer um jogo que simulasse diferentes estratégias para controlar protestos. Membros da equipe apresentaram isso como uma ferramenta neutra que ajudaria tanto a polícia como os manifestantes. Contudo, não houve nenhuma identificação do papel que a polícia vinha desempenhando nesses protestos, de ferir e matar manifestantes a procurar ativamente reprimir dissidentes. Da mesma forma, não houve sugestão de que os manifestantes poderiam ter acesso ao jogo para planejar suas próprias estratégias. Só podemos imaginar que tipos de estratégias brutais um comandante de polícia tentaria testar em um jogo eletrônico. O certo é que teria sido um jogo bem *político*.

Embora meus ex-colaboradores não tenham visto o projeto deles dessa forma, o crescimento recente de jogos explicitamente políticos como um gênero sugere por que essa perspectiva é justificada. Eu foco nesse gênero agora com o objetivo

---

[385] Jamie Woodcock, *Working the Phones: Control and Resistance in Call Centres*. Londres: Pluto, 2017.

de discutir como política e ativismo podem ser expressos em jogos eletrônicos, tanto olhando para os jogos "políticos" como considerando que todos os jogos eletrônicos são políticos de certa maneira.

Entre a onda recente de jogos claramente políticos está um número notável de títulos inspirados ou ligados à esquerda. Esses tipos de jogos são explicitamente políticos. Mas vale ressaltar a citação de Patricia Hernandez, "quando o mundo real se infiltra nos jogos", algumas pessoas "não gostam, pois isso arruína o aspecto do escapismo". No entanto, ela continua "não existe essa coisa de jogo apolítico, e pensar de outra forma pode ser perigoso".[386] Todos os jogos são políticos. Como Mike Cook afirmou: os jogos políticos têm o potencial de mudar a consciência dos jogadores e "nós precisamos ter certeza de que estamos cientes do poder de persuasão, desorientação e parcialidade e manter uma mente crítica, mas aberta".[387]

Antes de focar em discutir os jogos eletrônicos políticos, vale primeiro considerar a sua longa história. Começando no início dos anos 1970, Bertell Ollman, um professor marxista de Nova York, começou a pensar no que um jogo político de esquerda envolveria. Ao jogar *Banco Imobiliário*, ele percebeu que o jogo faz algo incomum. As pessoas "jogam *Banco Imobiliário* como indivíduos e assumem o mérito ou culpa individual do resultado. Habilidades e sorte são consideradas qualidades pessoais.

---

[386] Patricia Hernandez, "There's No Such Thing as a Game without Politics or an Agenda", Kotaku, 30 ago. 2012. Disponível em: https://kotaku.com/5939367/theres-no-such-thing-as-a-game-without-politics-or-an-agenda.

[387] Citado em Chris Baraniuk, "Video Games Become Political as US Election Looms", New Scientist, 28 out. 2016. Disponível em: www.newscientist.com/.

Em nenhum caso outra pessoa pode ser responsabilizada se você perder".[388] Ainda assim, isso tem pouca relação com a experiência real de acumulação de propriedades no capitalismo: "Existe um jogo real de monopólio, mas você não foi convidado a jogar. Muito provavelmente, você não poderia arcar com as apostas". Ollman então se propôs a encontrar "o jogo crítico e, especialmente, o jogo socialista". No processo, ele descobriu que nos mais de 4 mil anos de história dos jogos de tabuleiro, sempre houve exemplos do que pode ser considerado jogos políticos. Ollman pergunta: "É apenas coincidência que no xadrez, um jogo medieval por excelência, um cavaleiro ou um bispo possam encurralar um rei?". Ele também dá o exemplo do *Roarem Castle*, um jogo inglês do século XIX que "satiriza a vida da ainda poderosa aristocracia".[389]

Através dessa pesquisa, Ollman encontrou uma versão do *Banco Imobiliário* chamado *Anti-Monopoly*. Acabou não sendo aquilo que ele estava procurando, mas aprendeu algo significativo sobre o criador do jogo, Ralph Anspach: o *Banco Imobiliário* foi realmente desenvolvido "como uma crítica do atual sistema que tem feito muito para promover".[390] Anspach alegou que o real inventor do *Banco Imobiliário* foi uma quacre chamada Elizabeth Magie. O jogo foi inventado em 1903 e originalmente chamava-se *The Landlord's Game*, apresentando locais no tabuleiro chamados "Lord Blueblood's Estate" e "The Soakum Lighting Co". Por volta de 1925 o jogo ficou conhecido

---

[388] Bertell Ollman, "Ballbuster? True Confessions of a Marxist Businessman", em Dialectical Marxism: The Writings of Bertell Ollman. Disponível em: www.nyu.edu/projects/ollman/docs/bb_ch01.php.

[389] Ollman, "Ballbuster?".

[390] Ollman, "Ballbuster?".

como *Monopoly* (*Banco Imobiliário* em português) e apresentava o seguinte texto na sua introdução:

> O Banco Imobiliário é projetado para mostrar o resultado maléfico resultante da instituição da propriedade privada. No início do jogo, cada jogador tem a mesma chance de sucesso que qualquer outro. O jogo termina quando uma pessoa tiver em posse de todo o dinheiro. O que explica o fracasso do resto, e qual fator pode ser apontado para explicar a distribuição obviamente mal ajustada da riqueza da comunidade que esta situação representa? Aquele que ganhar vai responder "habilidade". Aqueles que perderem vão dizer "sorte". Mas talvez haverá alguns que, enquanto admitem os elementos de habilidade e de sorte, irão responder como Scott Nearing [um escritor socialista daquela época]: "propriedade privada".[391]

Essa é uma clara mensagem anticapitalista do jogo. No entanto, a versão moderna mudou o texto introdutório: "A ideia do jogo é comprar, alugar ou vender propriedades de forma tão lucrativa que alguém se torna o jogador mais rico e eventualmente um monopolista".[392] A mecânica do jogo, "a retroacumulação de riqueza", esboça duas noções de Caillois – *agôn* (competição) e *alea* (oportunidade) – em um processo de transformação de um problema sistêmico do capitalismo em algo que deva ser celebrado.[393] No entanto, diferentemente do mundo real, cada jogador começa com a mesma quantidade de riqueza. É porque o jogo tem de ser divertido, Ollman argumenta, que os jogadores têm de ter um início igual.

---

[391] Citado em Ollman, "Ballbuster?".
[392] Citado em Ollman, "Ballbuster?".
[393] Caillois, *Man, Play and Games*, 13.

Ollman lutou com esse problema de como desenhar um jogo que focasse na desigualdade, mas que as pessoas gostassem de jogar. Sua solução foi o jogo de tabuleiro *Class Struggle*. Embora não seja fácil de achá-lo hoje, o Interference Archive em Nova York tem uma cópia, que eu cheguei a ver, mas infelizmente não joguei. O jogo tenta superar o problema colocado no *Banco Imobiliário*, com jogadores assumindo o papel de classes em vez do individual. A premissa é que "capitalistas e trabalhadores" são "aproximadamente iguais em poder, embora, claro, as fontes de seus poderes sejam bem diferentes".[394] O jogo de tabuleiro foi feito e distribuído com uma imagem do Karl Marx tirando uma queda de braço com Nelson Rockefeller na capa da caixa. As cartas de sorte ou revés têm mensagens como "Você está tratando muito mal seus aliados de classe" e "Seu filho se tornou seguidor do Reverendo [Sun Myung] Moon". Rabiscadas no meio do tabuleiro, estão as frases "Socialismo (Os trabalhadores vencem!) e Barbárie (Os capitalistas vencem!)". O jogo vendeu 230 mil cópias quando foi lançado em 1978. Ao passo que a história do processo de distribuição do jogo é interessante, vale a pena chamar atenção ao fato de que "um pequeno grupo de grevistas na livraria Brentano pediu a ele [Ollman] para retirar o jogo de circulação". Quando ele se recusou, eles pensaram que Ollman era um aproveitador tentando fazer dinheiro com os trabalhadores, e "então usaram essa recusa para promover sua própria luta".[395] Apesar disso, Ollman manteve sua fé no potencial do projeto, observando mais tarde: "Enquanto houver luta de classes... Existe uma grande necessidade

---

[394] Ollman, "Ballbuster?"

[395] Keith Plocek, "Most Popular Marxist Board Game", Mental Floss, 12 ago. 2014. Disponível em: http://mentalfl oss.com/article/58318/story-class-struggle-americas-most-popular-marxist-board-game.

de ajudar os jovens a entender do que se trata, como funciona e onde eles se encaixam... O jogo ainda pode contribuir para esse importante trabalho".[396]

Esse elemento pedagógico, ou de ensino, é particularmente poderoso com os jogos, pois permite aos jogadores interagir e experimentar um sistema. Nesse sentido, os jogos eletrônicos têm a possibilidade de fazer o que Ollman tentou com jogos de tabuleiro. Os jogos políticos feitos por Paolo Pedercini e publicados pela Molleindustria são um bom exemplo. O seu *Phone Story* é apresentado como "um jogo educativo sobre o lado obscuro do seu celular favorito. Siga a jornada do seu telefone ao redor do mundo e lutando contra as forças do mercado em uma espiral de obsolescência programada".[397] Desenvolvido para dispositivos de celulares, o jogo "tenta provocar uma reflexão crítica de sua própria plataforma tecnológica". Baseado em quatro minijogos, cada um cobrindo uma parte da cadeia produtiva: da mineração de tantalita no Congo a operários na China, do lixo eletrônico no Paquistão ao consumismo no Hemisfério Norte. O plano do jogo era redirecionar os lucros (que eram de 70%, depois do iTunes pegar 30%) para organizações de base que estão lutando contra abusos corporativos.

O *Phone Story* foi banido do iTunes três horas após seu lançamento. A Apple alegou que ele violou as leis de doação de caridade assim como duas diretrizes sobre "representação de violência ou abuso de crianças" e "conteúdo excessivamente bruto ou condenável". No entanto, como observou um jornalista na época: "a primeira parece ser crucial para a intenção satírica do jogo, enquanto a segunda é meio nebulosa – quem

---

[396] Citada em Plocek, "Most Popular Marxist Board Game".

[397] Molleindustria, "Phone Story", Phone Story, 2011. Disponível em: www.phonestory.org.

está mais propenso a se opor ao conteúdo aqui: os usuários ou a Apple?".[398] O jogo permanece disponível para Android, e gerou uma receita de 6 mil dólares entre as diversas plataformas. Esse total foi bem abaixo do esperado (embora tenha arrecadado impressionantes 360 dólares no iTunes em menos de três horas enquanto esteve disponível). A equipe de *Phone Story* decidiu que o dinheiro arrecadado "não seria muito relevante para uma organização, mas poderia ser significativo para um indivíduo que costuma ganhar 130 dólares por mês". O dinheiro foi doado a Tian Yu, um operário que sofreu diversas leões depois de tentar cometer suicídio enquanto trabalhava na Foxconn.[399]

Existem três aspectos desse jogo eletrônico que valem a pena ser explorados. O primeiro é que ele utiliza o *hardware* como parte da intervenção. Os minijogos exploram a cadeia produtiva da qual os *hardwares* dependem. Essa cadeia está geralmente oculta do usuário final, então o ato de torná-la visível é político. O *site* do *Phone Story* também contém várias páginas explicando os processos e fornecendo leituras adicionais. Por exemplo, a discussão sobre a "obsolescência" começa da seguinte forma:

> Quando você comprou este celular, ele era novo e *sexy*. Você estava esperando ele há meses. Nenhum sinal do seu passado problemático era visível. Você realmente precisava dele? Claro que precisava. Uma grande quantia de dinheiro foi investida para incutir em você esse desejo. Você estava procurando por algo que refletisse seu *status*, seu estilo de vida dinâmico, sua personalidade única. Assim como todo mundo.

---

[398] Stuart Dredge, "Apple Bans Satirical iPhone Game Phone Story from Its App Store". *Guardian*, 14 set. 2011. Disponível em: www.theguardian.com/technology/appsblog/2011/sep/14/apple-phone-story-rejection.
[399] Molleindustria, "Phone Story".

Este é o segundo aspecto. O jogo brinca com a posição do jogador como dono de um celular para refletir sobre as relações sociais e econômicas, não apenas da cadeia produtiva externa a eles, mas também sobre o papel do próprio jogador ao comprar e consumir o produto. O jogo pode ser, portanto, uma experiência desagradável, com a possibilidade de deixar o jogador com um entendimento diferente de um dispositivo que ele usa diariamente. Como afirmado na declaração de missão da Molleindustria, seu objetivo é "se reapropriar dos jogos eletrônicos como uma forma popular de comunicação em massa" e "investigar as possibilidades persuasivas da mídia, subvertendo o senso comum clichê sobre os jogos".[400] O terceiro aspecto é que o jogo vai além de uma simples propaganda: ele usa o dinheiro arrecadado para um fim político. No processo, também destaca-se a grande margem de 30% que as plataformas de distribuição recebem, uma quantia excessiva. A Molleindustria pode não ter alcançado seu objetivo de levantar fundos suficientes para as organizações na resistência, mas o dinheiro beneficiou alguém dentro da brutal cadeia produtiva de celulares.

Existe uma gama de outros jogos lançados pela Molleindustria que usam diferentes visões experimentais para politizar jogos. O *To Build a Better Mousetrap* é um jogo de "gerenciamento" no qual o jogador administra uma "semiabstrata" fábrica de ratoeiras, empregando e escolhendo o quanto pagar aos ratos trabalhadores.[401] Como um comentarista observou: "[Pedercini] fez algo muito difícil, que é conseguir explicar de forma clara, concisa e com um chocante humor sombrio como o nosso

---

[400] Dredge, "Apple Bans Satirical iPhone Game".

[401] Molleindustria, "To Build a Better Mousetrap", To Build a Better Mousetrap, 2014. Disponível em: www.molleindustria.org/to-build-a-better-mousetrap.

sistema econômico é jogado contra os trabalhadores, fazendo os jogadores recriá-los".[402] A Molleindustria também lançou o meio videogame, meio arte digital *MayDay Netparade*, desenvolvido em 2004 para o dia de ações políticas conhecido como EuroMayDay. Ele era uma "demo virtual" onde os jogadores poderiam participar usando suas próprias criações de avatar, mas eles o tiveram de fazer antes da data de demonstração. Esse processo tanto promoveu a demonstração de antemão quanto deixou uma marca duradoura que poderia ser identificada posteriormente. Outros jogos do desenvolvedor incluem *Unmanned*, que cobre um dia na vida de um piloto de drone, e *A Short History of the Gaze*, "um ensaio experimental de realidade virtual" que explora a relação entre o olhar do jogador (ou ponto de vista) e a violência que é tão comum nos jogos.

Outro jogo da Molleindustria que vale a pena discutir aqui é o *Every Day the Same Dream*. Nesse jogo, o jogador controla um trabalhador de escritório dentro de um mundo desolador caracterizado por uma monótona paleta em tons de cinza. Ao jogador são oferecidas apenas poucas opções: ele pode se mover para direita ou esquerda e escolher interagir com alguns objetos selecionados. Dentro de um esquema simples de controle, o jogador vive a rotina de um trabalhador de escritório, com foco nas suas tarefas banais. Como David Leblanc observou: o jogo "é um exercício de tédio, que me leva a pensar, ao mesmo tempo, este jogo é chato e eu não quero jogá-lo, e eu reconheço esse tipo de sentimento ao trabalhar e eu quero catarse".[403] Se

---

[402] Joseph Bernstein, "The New Marxism Comes to Computer Games", BuzzFeed, 5 mai., 2014. Disponível em: www.buzzfeed.com/josephbernstein/the-new-marxism-comes-to-computer-games.

[403] David Leblanc, "Working at Play: Alienation, Refusal, and Every Day the Same Dream", First Person Scholar, 14 dez. 2016. Disponível

o jogador continua (e aqui eu não quero estragar a experiência daqueles que ainda não jogaram), existem alguns pequenos momentos de recusa que ele pode explorar. Essas ações então mudam a narrativa para o dia seguinte, que na verdade será uma repetição do dia anterior. Jogando o jogo (se "jogar" pode ser o termo correto a se usar aqui), permite ao jogador explorar os temas de alienação, estranhamento e recusa. Leblanc cita o dramaturgo alemão Bertolt Brecht para dar sentido a isso: "Quando as regras emergentes desta vida na sociedade são processadas de forma provisória e imperfeita... O teatro deixa seus espectadores dispostos produtivamente, mesmo após o espetáculo ter acabado".[404] Esse é o potencial ao jogar *Every Day the Same Dream*: abalar a noção de trabalho, questionar e até subverter a estranha realidade que é tratada como "normal".[405]

Esse uso das regras de jogos eletrônicos para transmitir a dinâmica de um determinado sistema também é usado no *Papers Please*. Nele, o jogador assume o papel de um oficial de imigração no imaginário país stalinista de Arstotzka. Assim como em *Every Day the Same Dream*, a mecânica do jogo é repetitiva e banal. A principal escolha que o jogador faz é aprovar ou negar a solicitação de entrada de um indivíduo no país. É um jogo sobre burocracia, sobre examinar papelada para fazer escolhas que podem afetar drasticamente a vida de outras pessoas. O crítico de jogo John Walker disse o seguinte sobre como o jogo explora a burocracia:

> Seus gráficos de baixa resolução e configurações estáticas se unem ao seu foco mundano e repetição sob pressão para suge-

---

em: www.firstpersonscholar.com/working-at-play.

[404] Citado em Leblanc, "Working at Play".

[405] Leblanc, "Working at Play".

rir algo que vai além do "jogo" o quanto você possa imaginar. E ainda [ele] continua envolvente e assustador, quase trapaceando com o poder sobre você em durar mais, trabalhar mais rápido, abandonar seus princípios mais abertamente, comprometendo sua integridade com mais facilidade.[406]

O processo de escolher quem terá a entrada no país aprovada ou negada é complicado pelo fato de o jogador ser pago por cada processo individual efetuado e enfrentar a pressão da necessidade de ganhar dinheiro suficiente para prover sua família. A mecânica do "jogo dos sete erros" faz o jogo ser jogado como um quebra-cabeça, enquanto a narrativa empurra o jogador para frente. Como Walker observou: *Papers Please* "explora este intrigante espaço entre o que você faria para ver o progresso da narrativa e o que você se sente desconfortável em fazer, mesmo na ficção".[407] Nesse processo, o jogo usa um sistema de regras que permite aos jogadores explorarem o quão longe conseguem ir, além de descrever as consequências da burocracia.

O *This War of Mine* aborda o tema comum do conflito militar. No entanto, o jogo o subverte, dando ao jogador o controle de um grupo de civis tentando sobreviver em uma cidade no meio de um conflito militar contemporâneo. Durante a noite, o jogador pode direcionar membros do grupo para sair vasculhando. É possível conseguir isso por troca ou roubo, mas o jogo também oferece a opção de lutar e matar. Enquanto essa característica representa o desespero de tentar sobreviver em uma zona de guerra, parece que *This War of Mine* está voltando

---

[406] John Walker, "Wot I Think: Papers, Please", Rock Paper Shotgun, 12 ago 2013. Disponível em: www.rockpapershotgun.com/2013/08/12/wot-i-think-papers-please.

[407] Walker, "Wot I Think: Papers, Please".

a mecânicas de jogos de guerra mais tradicionais. Ainda assim, a sensação de perigo no jogo parece diferente da de outros jogos nos quais o mundo é visto pelo cano de uma arma, como um jornalista de jogos escreveu: "Há perigo em todos os lugares, de atiradores contra civis, até doenças que surgem quando cidades colapsam. A única coisa que você não faz é pegar uma arma e voltar a lutar".[408]

De certa forma, tais tipos de jogos focam em um público já politicamente inclinado. Não há dúvida de que alguns jogadores podem ter chegado até eles considerando-os envolventes de acordo com suas preferências, mas eles são apresentados como jogos "políticos". Como Marijam Didžgalvyté observou: "Há uma abundância de jogos com motivações políticas, mas eles vão mudar a opinião de alguém de um lado para outro?".[409] Ela defende seu ponto utilizando uma citação de uma curadora de arte sueca, Maria Lind: "Se quando você está prestes a contar uma piada você diz 'Isto vai ser engraçado!', então a probabilidade é que o ouvinte não vá achar a piada engraçada".

Didžgalvyté aponta como uma importante exceção um jogo que teve um impacto bem maior que os outros. O *The Uber Game* foi lançado pelo *site* do *Financial Times*, que não é conhecido pela sua visão de esquerda. O jogo, para ser jogado no navegador, começa perguntando ao jogador: "Você consegue

---

[408] Keith Stuart, "War Games – Developers Find New Ways to Explore Military Conflict", *Guardian*, 15 jul. 2014. Disponível em: www. theguardian.com/technology/2014/jul/15/war-games-developers-military-confl ict.

[409] Marijam Didžgalvyté, "The Uber Game Shows the Latent Power of Political Video Games", Kotaku, 8 fev. 2018. Disponível em: www. kotaku.co.uk/2018/02/08/the-uber-game-shows-the-latent-power-of-political-video-games.

fazer isso na economia de plataforma?". Em seguida o jogador pode explorar como é trabalhar para a Uber, fazendo escolhas ao longo do caminho. O jogo termina com o total de receitas que o jogador planejou fazer, mas depois há o corte das taxas da Uber, junto com todas as despesas: licenciamento do carro, combustível, seguro, reparos, manutenção, e assim por diante. Quando o jogador percebe o quanto ele realmente ganhou, vê que "eles geralmente recebem somente a metade de um salário mínimo". Como Didžgalvyté explica: "O objetivo do jogo é óbvio e seu efeito é impressionante, até porque ele é para ser jogado por leitores do *Financial Times*, um grupo de pessoas que geralmente elogiam a economia de plataforma e a ausência dos sindicatos incômodos".[410] Novamente, aqui, as regras do jogo fornecem uma reflexão das regras desiguais da sociedade. A mecânica trabalha para destacar a falta de apoio que os motoristas da Uber têm para receber um salário digno. Embora eu tenha estragado a experiência para qualquer leitor que ainda não tenha jogado, a percepção que surge ao final para os jogadores que estão jogando pela primeira vez é uma surpresa genuína que não pode ser prevista no início.

Além desses jogos sobre trabalho, existem outros exemplos com temas políticos. Nos Estados Unidos houve diversas variantes de jogos anti-Donald Trump, como *Punch the Trump*. No Reino Unido, um jogo chamado *Corbyn Run* foi lançado para apoiar o Partido Trabalhista, sob a liderança de Jeremy Corbyn, nas eleições de 2017. O jogador assume o papel de um Jeremy Corbyn pixelado, correndo atrás da então primeira-ministra Theresa May e de outro político conservador. Há um ônibus de batalha chamado "Mentiras", referindo-se ao dinheiro adicional da campanha que os líderes de campanha do

---

[410] Didžgalvytė, "The Uber Game Shows the Latent Power".

Brexit prometeram para o Serviço Nacional de Saúde e não entregaram, e um fantasma da Margaret Thatcher. Como Marijam Didžgalvyté observou: "É uma forma bastante linear de entretenimento (reconhecidamente divertida) como propaganda".[411] Não há nenhuma mecânica de jogo para transmitir alguma característica do capitalismo, nem uma crítica estrutural da sociedade. Como Rosa Carbo-Mascarell, uma das desenvolvedoras explicou: "Era importante para nós parecer acessível, enquanto ainda mantinha um nível de sátira política. Desde o lançamento, nós temos recebido várias mensagens de pessoas dizendo que eles mudaram seus votos graças ao jogo".[412] Diferentemente de *Class Struggle*, desenvolvido com o objetivo mais ambicioso de produzir uma ferramenta para a educação política, *Corbyn Run* pretendia promover uma mensagem clara na corrida eleitoral com o uso de uma mídia contemporânea. Dessa forma: "*Corbyn Run* é um outro modo essencial de engajamento, em um momento em que muitos jovens, talvez eleitores que estejam votando pela primeira vez, estão sendo cortejados por políticos e militantes partidários mais diretamente do que nunca".[413]

Até agora nesta discussão, nós podemos dizer que existem dois tipos diferentes de jogos políticos: os explicitamente "políticos" e publicizados como tal e aqueles, identificados por Didžgalvyté, desenvolvidos com o objetivo real de um resultado político. Este último é um exemplo da velha máxima: "mostre, não

---

[411] Marijam Didžgalvyté, "'Corbyn Run' Highlights the Stakes of This Week's British Election", Waypoint, 6 jun. 2017. Disponível em: https://waypoint.vice.com/en_us/article/a3zvpp/corbyn-run-highlights-the-stakes-of-this-weeks-british-election.

[412] Citado em Didžgalvyté, "Corbyn Run' Highlights the Stakes".

[413] Didžgalvyté, "Corbyn Run' Highlights the Stakes".

conte"; em vez de declarar a intenção de antemão, eles permitem às pessoas decidirem por conta própria. Didžgalvytė explica:

> A boa arte dá origem a novas ideias, enquanto artes melhores armam o espectador com ferramentas para ações concretas. As propriedades imersivas dos jogos eletrônicos são inigualáveis às de qualquer outra mídia, e têm o potencial de ensinar e compartilhar ferramentas que questionem o *status quo*, implícita e explicitamente.[414]

As políticas dos jogos eletrônicos podem também ser reveladas pelo seu fascínio escapista, na medida em que nos dizem do que as pessoas estão escapando. Raymond Tsang, um esportista eletrônico profissional mais conhecido pela sua alcunha "KaSing" do *League of Legends*, é um bom exemplo. Em uma entrevista de 2016, KaSing descreve o apelo do esporte eletrônico profissional. Aos dezenove anos, ele decidiu se dedicar tempo integral para tornar-se um jogador profissional. Seu jogo escolhido, *League of Legends*, como observado anteriormente, tem cerca de 100 milhões de jogadores mensais. KaSing, original de Tottenham, no norte de Londres, escolheu sua carreira contra a vontade de seus pais. Como ele explica:

> Primeiro de tudo, eu queria me profissionalizar desde quando eu estava na faculdade... Porque eu não achava que gostaria de ter uma vida normal, na qual eu teria um trabalho das nove às cinco e não aproveitaria nada... De certa forma, se você ultrapassar essa barreira, mesmo que não tenha nenhuma ajuda ou apoio, e tiver coragem ou força mental para ignorar e apenas fizer o que

---

[414] Didžgalvytė, "The Uber Game Shows the Latent Power".

quer, então eu acho que isso é uma das coisas mais importantes que você pode ter. Você precisa de uma mente forte.[415]

Ele descreveu como essa alternativa pareceu melhor do que trabalhar em um emprego normal, ecoando a abordagem de recusa ao trabalho, que surgiu no nascimento dos jogos eletrônicos. Isso é semelhante a um fenômeno que eu e meu colega Mark R. Johnson encontramos em entrevistas com apresentadores no Twitch: pessoas que tentam ganhar a vida transmitindo ao vivo seus próprios jogos para um público *online*. Suas motivações também estão ligadas à sensação de que qualquer pessoa pode fazê-lo, mas que "no final, tudo depende de você, e de você trabalhar duro".[416]

Poucas pessoas têm a oportunidade de escapar do cotidiano de trabalho para jogar jogos eletrônicos como profissional. Na realidade, jogadores profissionais enfrentam a realidade de horários de treinamento e pressões em competições que, de certa forma, mudam sua sensação dos jogos como diversão. A experiência mais comum é que os jogos eletrônicos se alinhem à abordagem de recusa ao trabalho. Por exemplo, Sid Meier costumava desenvolver jogos com uma "chave mestra", que permitia ao jogador "pressionar uma tecla especial, e uma planilha apareceria na tela para que você pudesse fingir que estava fazendo seu trabalho".[417] Da mesma forma, "jogar no trabalho

---

[415] *The Supergamers*, dirigido por: Chris Boulding, Londres, BBC, 2016.

[416] Mark R. Johnson e Jamie Woodcock. "It's Like the Gold Rush: The Lives and Careers of Professional Video Game Streamers on Twitch. tv", *Information, Communication and Society* 22, n. 3, 2017, 336-51.

[417] Jason Schreier, "Sid Meier: The Father of Civilization", Kotaku, 26 jun. 2013. Disponível em: https://kotaku.com/the-father-of-civilization-584568276.

era visto pelos gerentes como o hábito mais corrosivo de uma força de trabalho computadorizada".[418] Vários computadores de escritório têm *softwares* desenvolvidos especificamente para evitar que os trabalhadores joguem durante o período de trabalho na empresa.

Curiosamente, em uma pesquisa da Forbes, 69% dos usuários de *Pokémon* GO disseram que jogaram o jogo enquanto trabalhavam, indicando um nível de tédio que muitos de nós enfrentam em nossas vidas diárias.[419] Enquanto jogar *Pokémon* GO no trabalho não vai mudar o mundo, a apropriação antitrabalho da gamificação nas condições de trabalho deve ser celebrada. A ampla adoção de *smartphones* significou que muitos trabalhadores encontraram uma maneira de acessar jogos fora da supervisão em seus computadores no trabalho. O *Pokémon* GO foi extremamente capaz de capitalizar com esse sentimento antitrabalho, assim, o jogo de realidade aumentada foi baixado mais de 100 milhões de vezes no Google Play e gerou 200 milhões de dólares em vendas. O preço das ações da Nintendo subiu inicialmente. Embora, de uma forma engraçada, tenha caído depois, conforme os investidores percebiam que a própria empresa não lucraria tanto com o jogo, dado que foi desenvolvido pela Niantic (e desenhado na base de dados do Google, que também incubou a empresa). Provavelmente, os investidores não checaram isso com antecedência.

Há também evidências de que a recusa ao trabalho em relação aos jogos eletrônicos vai além da evasão nos locais de trabalho. David Graeber observou que muitas pessoas no Hemisfério Norte estão agora atuando no que eles chamam de "trabalhos

---

[418] Dyer-Witheford e de Peuter, *Games of Empire*, 28.

[419] Katie Sola, "'Pokémon GO' Poll Shows 69% of Users Play at Work", *Forbes*, 19 jul. 2016.

de merda".[420] Como Jane McGonigal explicou: "Os jogos fornecem uma sensação de despertar pela manhã com um objetivo: estou tentando melhorar esta habilidade, minha equipe está contando comigo, e minha comunidade *online* está confiando em mim. Existe uma rotina e um progresso diário que faz um bom trabalho substituindo o trabalho tradicional".[421] Existem agora evidências de que, nos Estados Unidos, um segmento de jovens rapazes está abandonando a força de trabalho para jogar jogos eletrônicos. Embora isso possa parecer surpreendente, "de certa forma, o aumento no tempo dedicado a jogos eletrônicos para homens faz sentido: seus salários médios estão estagnados há décadas. No mesmo período, a qualidade dos jogos aumentou significativamente".[422] As possibilidades de jogar jogos eletrônicos oferece mais do que um precário emprego de salário mínimo, como no caso dos aspirantes a apresentadores no Twitch. Aqui vale retomar uma reflexão do Huizinga:

> Às vezes acontece, no entanto, que um "estraga prazeres" na sua vez faça uma nova comunidade com suas próprias regras. O fora da lei, o revolucionário, o cabalista ou membro de uma sociedade secreta e, na verdade, hereges de todos os tipos têm uma disposição altamente associativa, senão social, e um certo elemento de jogo é proeminente em todas as coisas que eles fazem.[423]

---

[420] David Graeber, *Bullshit Jobs: A Theory*. Londres: Penguin, 2018.

[421] Citado em Quoctrung Bui, "Why Some Men Don't Work: Video Games Have Gotten Really Good", *New York Times*, 3 jul. 2017. Disponível em: www. nytimes.com/2017/07/03/upshot/why-some-men-dont-work-video-games-have-gotten-really-good.html.

[422] Bui, "Why Some Men Don't Work".

[423] Johan Huizinga, *Homo Ludens: A Study of the Play-Element in Culture*. Kettering, OH: Angelico Press, 2006, 12.

Embora essas não fossem dinâmicas que Huizinga estivesse celebrando, nós podemos ver agora que elas são importantes para o desenvolvimento da subjetividade antitrabalho. Embora haja o risco de que essa atividade permaneça individualizada, o elemento social de vários jogos contemporâneos fornece um potencial trajeto coletivo nesses momentos de resistência e brincadeira.

Jogos online

O aspecto social tornou-se fundamental para entender os jogos contemporâneos. Enquanto alguns deles podem ser jogados *offline*, os *online* são extremamente importantes para o entendimento da cultura. As coisas mudaram muito desde que os jogadores se sentavam na frente da televisão para jogar *GoldenEye* com os amigos.

Os jogos *online* de RPG (MMORPGS) de vários participantes fornecem novos e permanentes espaços *online* para jogadores. Pegue, por exemplo, o *World of Warcraft*, que foi lançado em 2001 e teve mais de 100 milhões de contas registradas. Ele oferece um mundo *online* no qual os jogadores podem lutar, buscar, aprimorar e coletar itens. Além desses elementos principais, os jogadores podem treinar profissões, vender suas criações e itens em excesso e formar guildas de jogadores. A jogabilidade, portanto, "contém figuras que são imediatamente reconhecíveis como estruturas capitalistas, assim como a mecânica e a estética muitas vezes imitam e refletem as estruturas sociais".[424] O jogo EVE *Online* igualmente enfatiza a mecânica de direcionamento econômico e envolve histórias de intrigas, manipulação, traição, e assim por diante.

Talvez não seja surpresa que esses jogos reproduzam amplamente as estruturas capitalistas, mas eles também permitem aos jogadores experimentar dentro desses sistemas, rompendo

---

[424] Lars Kristensen e Ulf Wilhelmsson, "Roger Caillois and Marxism: A Game Studies Perspective", *Games and Culture* 12, n. 4, 2017, 389.

com a monotonia do trabalho (brevemente ou por períodos mais longos). Dentro desses sistemas, como o próprio nome do gênero do jogo sugere, os jogadores podem interpretar um papel, significando que os demais não sabem sua identidade particular. Esses tipos de jogos cada vez mais vêm sendo substituídos por experiências mais curtas e competitivas. Jogados em PC ou videogame, eles geralmente são baseados em competições de equipe, exigindo comunicação entre os jogadores que são profundamente moldados pelas dinâmicas de opressão em vigor na sociedade em geral.

O gênero MOBA (Arena de Batalha *online* para Multijogadores), junto com jogos competitivos de FPS, como o *Counter-Strike*, são fundamentais para entender essas dinâmicas. Jogos de MOBA como *League of Legends* ou *Dota* 2 (que começou a partir de modificações feita pelos fãs), são jogados em rodadas curtas, geralmente por volta de meia hora. Enquanto eu tenho jogado *Counter-Strike* desde que era adolescente, só joguei *League of Legends* mais recentemente. A experiência de tentar aprender é reveladora. A estrutura de equipes de cinco contra cinco exige que cada pessoa da equipe tenha um desempenho eficaz para assegurar a vitória. Em contraste à progressão contínua dos personagens de MMORPGS, cada personagem em jogos de MOBA começa do zero em cada partida, portanto erros iniciais podem fazer com que o outro time avance. Existe uma forte dependência do trabalho em equipe para vencer, e o fracasso de um jogador pode arruinar a experiência (ou as estatísticas de aproveitamento de vitória) para os seus companheiros. Isso prepara o terreno para um ambiente de extrema competitividade, em que os erros são rapidamente identificados, e também significa que os jogadores podem extravasar suas frustrações avacalhando um jogo, como por exemplo, morrendo deliberadamente "alimentando" a equipe adversária com experiência e ouro.

Como um jogador novato, eu estava entrando em um jogo com picos de 100 milhões de jogadores mensais.[425] Eu fui avisado por outras pessoas sobre a "comunidade tóxica" por vezes encontrada jogando *League of Legends*. Na minha primeira experiência eu joguei apenas com robôs (jogadores controlados por computador). Parecia fácil até esse ponto, e com os meus quatro amigos robôs, nós vencemos o jogo facilmente. Depois de algumas experiências, eu decidi que era hora de tentar jogar *online*. Enquanto o jogo carregava, outros jogadores começaram a definir posições. O *League of Legends* tem um metajogo complexo, ou "meta", que é essencialmente "o jogo de jogar o jogo". Pelo meta, os jogadores determinam seus respectivos papéis. Eles se referem ao mapa, dividido em três faixas: "topo", "meio" e "baixo", com um jogador adicional de suporte para o "baixo" e outro ainda vagando pela "selva". Na versão que eu joguei, os jogadores podem escolher suas preferências. Dois jogadores escolheram "meio" e "baixo", então eu decidi ir para o "topo". Infelizmente, outro jogador também decidiu ir para o "topo", o que colocaria a distribuição em desequilíbrio. Em seguida, nós tivemos o mesmo dilema com relação à faixa do "meio". Entretanto, após uma enxurrada de insultos entre os jogadores, nós chegamos a uma resolução. Eu me mudei para "selva", percebendo que eu não tinha a mínima ideia do que eu deveria estar fazendo. A equipe entrou em colapso rapidamente, brigando entre si, e nós perdemos.

---

[425] Paul Tassi, "Riot Games Reveals 'League of Legends' Has 100 Million Monthly Players", *Forbes*, 13 set. 2016. Disponível em: www.forbes.com/sites/insertcoin/2016/09/13/riot-games-reveals-league-of-legends-has-100-million-monthly-players/#322ab3b55aa8.

Eu decidi que mais pesquisas seriam necessárias antes de jogar novamente. O *League of Legends* é complexo tanto estrategicamente como taticamente, com a meta sempre mudando. O processo de aprender a jogar é bem estressante; você é forçado a enfrentar a mecânica do jogo, os 137 personagens diferentes, a meta do jogador, jogadores rivais e geralmente sua própria equipe. A Twitch oferece uma maneira de assistir aos jogadores experientes e bem-sucedidos, algo que se tornou um recurso para os jogadores aspirantes. A principal lição de minha experiência é que é necessário um esforço substancial para aprender como jogar. Em um processo intensificado de competição, o *agôn* do Caillois está claramente presente aqui.[426] O que leva à formação de comunidades especializadas com uma dificuldade grande de se entrar nelas.

Pode ser uma experiência gratificante competir e vencer com uma equipe que trabalha em conjunto. No entanto, a comunidade do *League of Legends* tem elementos incrivelmente tóxicos, a experiência de jogar é frequentemente prejudicada por jogadores que desistem do jogo por causa de uma infração menor de um companheiro de equipe ou por aqueles que fazem insultos racistas e sexistas, despejando sua fúria nas idas e vindas.

Para compreender essa experiência contraditória dos jogos *online*, vale novamente retornar à história dos jogos eletrônicos. É uma história em que "havia mulheres desenvolvendo jogos e meninas jogando. Apesar disso, a história dos *hackers*, artistas de mangá e desenvolvedores de jogos é um conto principalmente de homens e meninos".[427] Carol Shaw, que foi a primei-

---

[426] Caillois, *Man, Play and Games*, 13.

[427] Nick Dyer-Witheford e Greig de Peuter, *Games of Empire: Global Capitalism and Video Games*. Minneapolis e Londres: University of

ra mulher desenvolvedora de jogos na Atari, refletiu sobre o início da questão de gênero no meio: "Nós nunca discutimos quem era o nosso público-alvo. Nós não discutíamos gênero ou idade. Nós apenas criávamos jogos que achávamos que seriam divertidos".[428] No entanto, o fato de não haver uma discussão explícita sobre gênero não significava que esses eram ambientes de trabalho igualitários. Por exemplo, Ray Kassar, antes de se tornar CEO da Atari, disse uma vez na frente da Shaw: "Nossa, agora a Atari tem uma mulher desenvolvedora de jogos, ela pode fazer decoração de interior e jogos de combinação de cores de cosméticos!". Shaw observou que depois que ele saiu da sala, os outros desenvolvedores disseram: "Não preste atenção nele. Faça aquilo que quiser". Então, fossem ou não os locais de trabalho dos jogos deliberadamente sexistas nesse momento, o sexismo generalizado na sociedade ainda operava no processo de produção.

O período inicial da indústria de jogos mudou com a crise que envolveu a Atari nos anos 1980, e a Nintendo decidiu mudar o *marketing* dos jogos eletrônicos para a cultura de brinquedos. Isso exigiu uma análise sistemática de *marketing* e, pela primeira vez, "empresas como a Nintendo procuravam intensamente as pessoas que haviam jogado seus jogos". Eles descobriram que "os meninos estavam jogando mais videogame que as meninas", e como resultado, "os jogos eletrônicos estavam prestes a ser reinventados".[429] A venda e a propaganda dos jogos tornaram-se cada vez mais sexistas, um exemplo óbvio é a

---

Minnesota Press, 2009, 18.

[428] Citado em Tracey Lien, "No Girls Allowed", Polygon, 2 dez. 2013. Disponível em: www.polygon.com/features/2013/12/2/5143856/no-girls-allowed.

[429] Lien, "No Girls Allowed".

decisão da Nintendo de nomear seu console portátil de "Game Boy". Isso também ficou evidente na maneira como os protagonistas e personagens de jogos eram anunciados. Ian Bogost argumenta que a mudança da Nintendo na década de 1980 foi o primeiro grande passo que preparou o cenário para "o que agora nós chamamos de jogos de *playboys* surgindo nos anos 1990".[430] Uma propaganda de 1998 que a Sony publicou para o PlayStation serve como exemplo dessa segunda fase:

> Um homem adulto se senta em uma sala de cinema com sua namorada. Ela o está incomodando de maneira quase caricatural. O personagem Crash Bandicoot, do jogo de PS1 de mesmo nome, está patrulhando a sala de cinema, acendendo uma lanterna sobre o homem dizendo: "Você está totalmente dominado". A peituda Lara Croft aparece ao lado dele, e ele tem a opção de escolher ir para casa com sua namorada, que ainda o está incomodando, ou ficar com a Lara Croft. Ele escolhe a última. A propaganda termina com a seguinte legenda: "Viva seu mundo. Jogue no nosso".[431]

Esse tipo de *marketing* moldou o consumo de jogos eletrônicos de hoje, quem quer jogá-los, o que fazem os jogos "populares" e que tipos de projetos recebem financiamentos. Representação de mulheres altamente sexualizadas e objetificadas tornaram-se comum nos jogos eletrônicos. Curiosamente, de acordo com um estudo de resenhas de jogos, "os críticos raramente mencionam estas representações, mas não está claro o porquê".[432]

---

[430] Citado em Lien, "No Girls Allowed".

[431] Lien, "No Girls Allowed".

[432] James D. Ivory, "Still a Man's Game: Gender Representation in Online Reviews of Video Games". *Mass Communication and Society* 9, n. 1, 2006, 111.

As implicações de gênero sexistas nos jogos eletrônicos, juntamente com o profundo problema de representatividade de raça, sexualidade e outros, são importantes pontos a serem considerados, uma vez que muitos dos jogadores de hoje são jovens. Como observado pela Monica K. Miller e Alicia Summers, pelo fato de os jogos "terem o poder de influenciar as atitudes e os comportamentos da juventude estadunidense, é importante reconhecer as mensagens que esta mídia apresenta".[433] Nos Estados Unidos e em outros lugares, o "retrato dos machos como musculosos e poderosos e das fêmeas como atraentes, *sexys* e indefesas tem implicações na autoestima e na imagem que se faz do corpo masculino e do feminino". Esses retratos têm sido criticados de várias formas por "identificar, explorar e colocar em uma visão estereotipada a representação de gênero".[434] A opção de comercializar jogos eletrônicos para um nicho demográfico particular, principalmente meninos e jovens rapazes, envolveu a reprodução desses estereótipos. Críticas são necessárias porque podem destacar que essa estratégia de *marketing* é uma escolha, e no processo "desafiam estereótipos de gênero porque, em última análise, não existe uma ligação inata e natural entre gênero e sexo, mas a cultura impôs

---

[433] Monica K. Miller e Alicia Summers, "Gender Differences in Video Game Characters' Roles, Appearances, and Attire as Portrayed in Video Game Magazines", *Sex Roles* 57, 2007, 740.

[434] Kaitlin Tremblay, "Intro to Gender Criticism for Gamers: From Princess Peach, to Claire Redfield, to FemSheps", *Gamasutra*, 1º jun., 2012. Disponível em: www.gamasutra.com/blogs/KaitlinTrem blay/20120601/171613/. Intro_to_Gender_Criticism_for_Gamers_ From_Princess_Peach_to_Claire_Redfield_to_FemSheps.php?print=1.

uma hierarquia de papéis baseada nessas construções sociais e de gênero".[435]

Essa abertura da cultura dos jogos para questões de representatividade ocorreu concomitantemente a um reconhecimento mais amplo de que não são apenas jovens homens brancos que jogam jogos eletrônicos. O senso comum de que as "garotas não jogam" tem "menos a ver com o atual número de jogadoras do que com a ideia vastamente difundida desde os anos 1990 em comerciais de televisão, propagandas em revistas, artes de caixas de jogos eletrônicos e na imprensa".[436] Esse reconhecimento de um público mais amplo também começou a mudar a forma como os jogos são comercializados, influenciando na mudança de direção que a próxima geração de jogos pode ter.

Para muitos jogadores, esse sexismo dos jogos vem à tona quando eles ficam *online*. O jogo *online* se tornou parte fundamental de várias experiências de jogos. No entanto, nem todo mundo tem a mesma experiência quando está *online*. Como qualquer grande título de jogo *online*, de *Counter-Strike* a *League of Legends*, é comum aos jogadores experienciar interações que são tóxicas e geralmente carregadas de sexismo. Embora esse fenômeno tenha raízes complexas (e é em parte produto da história da indústria de jogos, como notado acima), o anonimato do jogo *online*, junto com fóruns associados, tem fornecido um local onde essa cultura tóxica pode crescer. O exemplo mais claro disso é o movimento Gamergate. Ele começou no 8chan, um *site* onde insultos racistas e sexistas são comuns e o "xingamento é quase obrigatório". A trollagem é também predominante, assim como métodos mais extremos, como "*doxing*" (achar e publicar material privado ou identifi-

---

[435] Tremblay, "Intro to Gender Criticism for Gamers".

[436] Lien, "No Girls Allowed".

cado sobre alguém).[437] Esse movimento deixou os fóruns e se desenvolveu em uma campanha *online* de perseguição usando a *hashtag* #GamerGate, mirando as desenvolvedoras de jogo Zoë Quinn e Brianna Wu, a crítica feminista Anita Sarkeesian e várias outras, incluindo acadêmicas.[438] Conforme a campanha aumentava, métodos de perseguição e assédio começaram, incluindo *doxing*, ameaças de violências sexuais e ameaças de morte. Em 2014, o movimento começou a ser coberto de forma mais ampla pela imprensa, que começou a discutir uma "cultura de guerra" surgindo no universo dos jogos.[439]

Os "gamegaters" formaram uma mobilização virtual, direcionada contra vozes alternativas, críticos e novas formas de representatividade nos jogos eletrônicos. O Gamergate destacou que "jogar não é um ato isolado".[440] Enquanto esses eventos fizeram pouco sentido para as pessoas de fora do universo dos jogos, eles fizeram sentido para algumas pessoas na periferia da indústria. Por exemplo, Steve Bannon, que ajudou a dirigir o *Breitbart News* e depois se juntou ao governo Trump, desenvolveu um profundo conhecimento da cultura de jogos pelo seu envolvimento na empresa de mineração de ouro no *World of Warcraft*, Internet Gaming Entertainment (IGE).[441] A empresa

---

[437] Torill Elvira Mortensen, "Anger, Fear, and Games: The Long Event of #GamerGate", *Games and Culture* 13, n. 8 (2016), 787-806.

[438] Paolo Ruffino, "Parasites to Gaming: Learning from GamerGate", Proceedings of 1st International Joint Conference of DiGRA and FDG, Dundee, UK, 2016.

[439] Cherie Todd, "Commentary: GamerGate and Resistance to the Diversification of Gaming Culture", Women's *Studies Journal* 29, n. 1, 2015, 64.

[440] Mortensen, "Anger, Fear, and Games", 14.

[441] Jake Swearingen, "Steve Bannon Saw the 'Monster Power' of Angry

empregava trabalhadores chineses para ganhar, executando tarefas repetitivas e mecânicas, dinheiro e itens no jogo, que seriam então vendidos a jogadores mais ricos, principalmente nos Estados Unidos. Como Joshua Green argumentou, o período de Bannon na IGE:

> Apresentou a ele um mundo oculto, enterrado fundo em sua psique, e forneceu-lhe um tipo de estrutura conceitual que ele usou mais tarde para aumentar a audiência da *Breitbart News* e em seguida para ajudar a recrutar exércitos *online* de *trolls* e ativistas que atacavam políticos do país e ajudaram na ascensão de Donald Trump.[442]

Embora tenha havido um crescimento da política reacionária na internet de maneira geral, comentaristas como Matt Lees notaram que "as semelhanças entre o Gamergate o movimento *online* de extrema direita, os Alt-Right" são "enormes, surpreendentes e de forma nenhuma uma coincidência".[443] Existem conexões claras e concretas entre a Alt-Right e o Gamergate; eles estão se unindo não apenas por interesses em comum, mas

---

Gamers While Farming Gold in World of Warcraft", Nova York, 18 jul. 2017. Disponível em: http://nymag.com/intelligencer/2017/07/steve-bannon-world-of-warcraft-gold-farming.html.

[442] Joshua Green, *Devil's Bargain: Steve Bannon, Donald Trump, and the Storming of the Presidency*. Nova York, Penguin, 2017, 81.

[443] Angela Nagle, *Kill All Normies: Online Culture Wars from 4chan and Tumblr to Trump and the Alt-Right*. Winchester: Zero Books, 2017; Matt Lees, "What Gamergate Should Have Taught Us about the 'Alt-Right'", *Guardian*, 1º dez. 2016. Disponível em: www.theguardian.com/technology/2016/dec/01/gamergate-alt-right-hate-trump.

porque estão sendo organizados dentro da uma força política de direita.

Os *gamers* operam dentro de culturas complexas e desenvolvidas que emergem diretamente dos jogos e também do ato de jogá-los coletivamente. A massificação do jogar significou, talvez, a perda da identidade isolada do "*gamer*". No entanto, a noção de uma identidade se desenvolveu dentro da cultura dos jogos eletrônicos e é, em parte, o resultado de uma luta em que a esquerda, falando de maneira geral, perdeu. Esse fracasso também tem um impacto além do jogo, realimentando as condições de trabalho daqueles que fazem os jogos. Em um exemplo recente, dois roteiristas do popular jogo *online Guild Wars* 2 foram despedidos pelo desenvolvedor ArenaNet depois de responder perguntas sobre assédio *online*. Um deles, a roteirista Jessica Price, tuitou: "No episódio de hoje de ser uma mulher desenvolvedora de jogos: 'Permita-me – uma pessoa que não trabalha com você diz – te explicar como fazer seu trabalho'". Ela, então, seguiu com outro tuíte: "Já que nós tivemos vários machos se sentindo ofendidos hoje, deixe-me esclarecer algo: este é o meu *feed*. Eu não estou no trabalho aqui. Eu não sou seu aparato emocional só porque eu sou uma desenvolvedora. Não espere que eu finja que eu gosto de você aqui". Outro roteirista a defendeu, e a ArenaNet respondeu publicando: "Recentemente dois de nossos funcionários falharam em manter nossos padrões de comunicação com os jogadores. Como resultado, eles não mais trabalham em nossa empresa".[444] Em vez de apoiar seus trabalhadores, a escolha foi por ceder ao assédio

---

[444] Robert Purchese, "ArenaNet Fires Two Guild Wars 2 Writers over Twitter Exchange with YouTuber", Eurogamer, 7 jul. 2018. Disponível em: www.eurogamer.net/articles/2018-07-06-arenanet-fi res-two-guild-wars-2-writers-over-twitter-exchange-with-youtuber.

online e abrir precedente para que os jogadores possam fazer o que quiserem. Sem dúvida, vários outros desenvolvedores na indústria viram essa sucessão de eventos de forma apreensiva, pensando sobre o que eles tinham escrito ou dito *online*.

É nesse contexto que as pessoas participam dos jogos eletrônicos *online*. Jogadores homens são capazes de participar em competições contra jogadores de qualquer parte do mundo sem medo de assédio ou de tratamento injusto por causa do seu gênero. Isso pode levar a possibilidades de participar de competições profissionais de esporte eletrônico, com fama e recompensas crescentes. Aí há uma distância enorme do espírito por trás dos primeiros jogos para vários jogadores *online*, conhecidos como "masmorras multiusuário" (MUDS – *multi-user dungeons*). O criador Richard Bartle imaginou que os jogos para vários jogadores partissem do pressuposto de que "todo mundo começa em pé de igualdade neste mundo artificial", e criá-los foi um "gesto político", ele explicou:

> A ética *hacker* original era: você pode fazer o que quiser, desde que não machuque ninguém. Isso alimentou os jogos e se expandiu para o exterior. Quanto mais jogos você joga, mais você tem senso de coisas como injustiça, se você joga um jogo injusto, ele não é divertido, não é um jogo bom. Eu acho que torna você mais resistente aos exemplos de injustiças do mundo real. Você pode começar a pensar: por que as pessoas homossexuais não podem casar? Por que diabos isso não me afeta?[445]

---

[445] Citado em Keith Stuart, "Richard Bartle: We Invented Multiplayer Games as a Political Gesture", *Guardian*, 17 nov. 2014. Disponível em: www.theguardian.com/technology/2014/nov/17/richard-bartle-multiplayer-games-political-gesture.

Os jogos *online* se desenvolveram significativamente desde que Bartle estava experimentando e hackeando nos anos 1970. Essa visão de jogar *online* que ele descreve pode parecer bastante chocante para qualquer pessoa que jogou recentemente *Counter-Strike*, *League of Legends* ou vários outros exemplos, nos quais o ato de jogar é geralmente acompanhado por uma enxurrada de abuso verbal e gritos no microfone por outros jogadores. Despidos das costumeiras restrições sociais, os jogadores dizem coisas que pensariam duas vezes antes de dizer em outros ambientes. A ascensão da Alt-Right forneceu uma oportunidade para esse tipo de toxidade escapar dos ambientes dos jogos, espalhando-se na sociedade. Referindo-se às suas criações, Richard Bartle disse que esperava que "parte da cultura proveniente dos jogos afetasse o mundo real", mas esse não era, certamente, o tipo de exemplo que ele tinha em mente.

As dinâmicas de opressão que têm sido discutidas aqui permanecem uma parte inevitável dos jogos *online*. Se eles servem para fornecer o tipo de espaço discutido por Bartle, isso precisa ser combatido tanto quanto qualquer rodada de *Counter-Strike* ou *League of Legends*.

CONCLUSÃO

Por que os jogos eletrônicos importam?

Por que os marxistas devem se interessar por jogos eletrônicos? A primeira razão é que os jogos eletrônicos não são simplesmente uma diversão, ou um ópio do povo, mas uma mercadoria cultural complexa. Os marxistas deveriam se interessar por jogos e por como a sua produção, circulação e consumo podem fornecer informações importantes sobre o funcionamento interno do capitalismo contemporâneo. Brincadeiras e jogos no geral, infelizmente, não são objetos de análise marxista. Os marxistas tendem a se interessar pela forma e dinâmica do capitalismo ou, às vezes (e muitas vezes não o suficiente), pelos próprios trabalhadores e sua resistência e organização. Devido à suposta frivolidade ou natureza "improdutiva" do jogar, ele normalmente não se encaixa em uma dessas linhas de análise.

Dentro da história dos jogos eletrônicos, no entanto, é possível enxergar momentos de resistência e oposição, desde o início. Nos Estados Unidos, os computadores e os novos trabalhadores que poderiam programá-los foram colocados em função do lançamentos de mísseis e de cenários de apocalipse, mas esses trabalhadores encontraram maneiras de invadir os computadores para projetar diversões antitrabalho que tornaram-se os primeiros jogos eletrônicos. Naquele momento, a possibilidade de uma indústria moderna de jogos deve ter sido vista como improvável, mas o processo de "fuga e captura" pelo capitalismo logo se iniciou. Esse impulso *hacker* inicial, agora cada vez mais conhecido como *playbour*, permanece uma parte integrante da indústria. Desde os jogos iniciais às modelagens de *Half-Life* e *Warcraft*, sempre houve um elemento difícil de controlar que escapa e que o capital tenta capturar.

Atualmente, a produção de jogos eletrônicos envolve "o controle altamente disciplinado e explorador de sua força de trabalho cognitiva, cada vez mais presente no capitalismo em geral".[446] Nestas páginas, nós identificamos novas formas pelas quais as empresas exploram e gerenciam os trabalhadores nos estúdios de jogos, e também exploramos a cadeia de produção global que mistura produção material e imaterial. Como Ian Williams argumentou: a "exploração na indústria de jogos eletrônicos fornece um vislumbre de como podemos estar trabalhando nos próximos anos".[447] Nós discutimos esse tipo de trabalho pela estrutura de composição de classes de *Notes from Below*, entendida como "uma relação material com três partes: a primeira é a organização da força de trabalho em uma classe trabalhadora (composição técnica); a segunda é a organização da classe trabalhadora como uma classe social (composição social); a terceira é a organização autônoma da classe trabalhadora em uma força para a luta de classes (composição política)".[448]

Isso nos permitiu destrinchar a organização do trabalho nos jogos. A primeira descoberta principal é que a composição técnica continua sendo um desafio para o capital, pois esse tipo de trabalho é muito difícil de gerenciar. O resultado é um uso

---

[446] Conclusion Dyer-Witheford e de Peuter, *Games of Empire*, 66.

[447] Ian Williams, "'You Can Sleep Here All Night': Video Games and Labor", *Jacobin*, 11 ago. 2013. Disponível em: https://jacobinmag. com/2013/11/video-game-industry/.

[448] "The Workers' Inquiry and Social Composition", *Notes from Below*, issue 1, 29 jan. 2018. Disponível em: www.notesfrombelow.org/article/ workers-inquiry-and-social-composition

generalizado dos momentos críticos, trabalhar muitas horas em sequência, especialmente na etapa final de um projeto. A segunda é que a composição social precisa ser compreendida em termos de igualdade, particularmente de gênero. As experiências do sexismo institucional, juntamente com os momentos críticos, representam dois fatores que atualmente provocam uma recomposição política. A última onda de organização dos trabalhadores, com a Game Workers Unite, é um desenvolvimento incrivelmente excitante. Isso não quer dizer que a indústria de jogos eletrônicos seja o setor mais importante do capitalismo contemporâneo, mas que sua dinâmica é importante para o decifrar e entender. Como Nick Dyer-Witheford e Greig de Peuter disseram "Os jogos virtuais são um componente molecular dessa mutação coletiva indeterminável, que estão revolucionando vidas, das minas ao metaverso. Nesse sentido, eles são jogos com mundos a conquistar".[449]

Isso leva à segunda razão pela qual os marxistas deveriam se interessar por jogos eletrônicos: eles são uma forma incrivelmente popular de cultura, com um grande número de jogadores ao redor do mundo. Embora uma rápida olhada possa mostrar o pior conteúdo, já que muitos "tendem a ter um conteúdo imperial reacionário, como mercadorias de entretenimento militarizadas e comercializadas", existe um outro lado a se considerar. Os jogos também "tendem a uma forma radical e ampla, como produções digitais experimentais e construções colaborativas".[450] É por isso que as ligações da indústria dos jogos eletrônicos com o complexo industrial militar apareceram

---

[449] Nick Dyer-Witheford e Greig de Peuter, *Games of Empire: Global Capitalism and Video Games*. Minneapolis e Londres: University of Minnesota Press, 2009, 229.

[450] Dyer-Witheford e de Peuter, *Games of Empire*, 228.

na minha discussão. Esses vínculos profundos perduram, intensificando-se à medida que militares intervêm direta e indiretamente na produção de jogos, com essa relação, agora, também moldando os militares. Essa acelerada retroalimentação serve como metáfora, definindo os contornos entre a inovação tecnológica e a organização do trabalho no capitalismo tardio.

Existe uma disputa sobre quais tipos de jogos jogamos e como nós os jogamos, assim como uma luta entre o trabalho e o capital nos processos de sua produção. Os jogos eletrônicos podem, portanto, "servir também a um propósito crítico, introduzindo fatos desconfortáveis, desmascarando deficiências sociais, incentivando oposições e ainda apresentando alternativas futuras. Isso também surge em sua história. Os jogos, como a ficção científica, geralmente fornecem um cenário de críticas fundamentais e mesmo de revolta".[451] Se a Alt-Right e o Gamergate armaram-se dos jogos e de suas comunidades como ferramentas políticas, a melhor resposta, para usar as palavras de Walter Benjamin em um contexto diferente, é "politizar a arte".[452] Os marxistas devem, portanto, se preocupar com os jogos eletrônicos. Para citar Stuart Hall, mais uma vez, sobre o significado da cultura popular:

> A cultura popular é um dos locais onde a luta a favor ou contra a cultura dos poderosos é engajada; é também o prêmio a ser conquistado ou perdido nessa luta. É a arena do consentimento e da resistência. Não é a esfera onde o socialismo ou uma cultura

---

[451] Bertell Ollman, "Ballbuster? True Confessions of a Marxist Businessman", Dialectical Marxism: The Writings of Bertell Ollman. Disponível em: www.nyu.edu/projects/ollman/docs/bb_ch01.php.

[452] Walter Benjamin, *The Work of Art in the Age of Mechanical Reproduction*. Londres: Penguin Books, 2008, 38.

socialista – já formada – pode simplesmente ser "expressa". Mas é um dos locais onde o socialismo pode ser constituído. É por isso que a cultura popular importa [...]. Caso contrário, para dizer a verdade, não dou a mínima pra isso.[453]

Então, se os marxistas deveriam se interessar por jogos eletrônicos, por que então as pessoas interessadas em jogos devem se interessar pelo que o marxismo tem a dizer? A crítica marxista dos jogos eletrônicos não se destina a condená-los como sendo um tipo de forma burguesa que recria o pior do capitalismo. Sim, vários jogos têm temas problemáticos e opressão escrita neles desde o início, mas isso também se aplica a romances, televisão, filmes e à vida em si. Apesar do fato de que "muitas pessoas têm dificuldade em diferenciar crítica cultural de censura",[454] é possível criticar os jogos enquanto os joga e se diverte. Uma análise marxista desenha a história radical dos jogos, colocando-os dentro de uma história complexa de *hackers* e corporações, fuga e cooptação, resistência e opressão. Um olhar sobre o trabalho de produção retira o véu que obscurece como nós finalizamos os tipos de jogos que jogamos. Isso pode revelar muito sobre a maneira como nossos jogos são feitos, mas também pode lançar luz sobre os tipos de trabalho que nós temos no capitalismo. Os jogos podem ser tanto uma fuga do trabalho, como uma forma potencial de experimentar e ex-

---

[453] Stuart Hall. "Notas sobre a desconstrução do 'popular'". In: *Da Diáspora*. Identidades e Mediações Culturais. Trad. Adelaine La Guardia Resende et al., Belo Horizonte: Editora da UFMG/Humanitas/Unesco, 2003.

[454] Matt Lees, "What Gamergate Should Have Taught Us about the 'Alt-Right'", *Guardian*, 1º dez. 2016. Disponível em: www.theguardian.com/technology/2016/dec/01/gamergate-alt-right-hate-trump.

plorar uma alternativa para a sociedade que temos agora. Se os trabalhadores de jogos puderem achar novas formas de se organizar dentro do capitalismo na ausência de uma história de organização forte de trabalhadores ou das tradições dos sindicatos, então muitos outros trabalhadores podem achar inspiração também. A pesquisa junto aos trabalhadores pode ser o primeiro passo com relação a isso.

Há também um claro interesse compartilhado por marxistas e pessoas que jogam videogame. Os jogos eletrônicos fazem uma intervenção no mundo. Eles juntam um grande número de pessoas pelas atividades compartilhadas, construindo novas comunidades e culturas. Enquanto os primeiros desenvolvedores podiam ter sonhado com as possibilidades progressivas dos jogos eletrônicos, a realidade se tornou muito mais sombria. Do Gamergate à Alt-Right, nós não podemos mais ignorar que os jogos sejam um campo de luta cultural. Isso não quer dizer censurar jogos, mas sim entender que batalhas de ideias são vencidas e perdidas nesse terreno. Tem-se muito a celebrar com a cultura de jogos. É uma cultura em torno da qual eu cresci e que compartilho com inúmeros amigos. No entanto, como Leigh Alexander afirmou: "quando você se recusa a criar ou auxiliar uma cultura em seus espaços, você é responsável pelo que se espalha no vácuo. É isso o que está acontecendo com relação aos jogos".[455] A falha em assumir tais lutas significou que a esquerda, com algumas brilhantes exceções, abandonou efetivamente essa luta por ideias.

Atualmente, lutar por uma cultura *online* melhor ou contestar a toxicidade de alguns jogos parece uma tarefa particular-

---

[455] Leigh Alexander, "'Gamers' Don't Have to Be Your Audience. 'Gamers' Are Over", Gamastura, 28 ago. 2014. Disponível em: www.gamasutra.com/view/news/224400/Gamers_dont_have_to_be_your_audience_Gamers_are_over.php.

mente assustadora. Para um jogador individual, com certeza é. No entanto, a história das lutas e resistências no universo dos jogos mostra que essa não é uma história de um lado só. A luta faz parte dos jogos eletrônicos desde o início. E isso a esquerda, os marxistas e os jogadores precisam retomar. A diferença neste momento é o surgimento de um movimento de trabalhadores na indústria dos jogos eletrônicos. Para qualquer pessoa que deseje uma cultura *online* mais progressista, uma variedade maior de jogos e o conhecimento total sobre como as pessoas que os fazem são tratadas, devem apoiar a Game Workers Unite. Eles têm o potencial de não apenas remodelar a condição de trabalho, mas também de transformar os tipos de jogos que temos e a forma de jogá-los.

Voltando mais uma vez ao *Assassin's Creed Syndicate*, há um momento no jogo quando o Marx virtual dá ao jogador o "desafio" de "ajudar aqueles que realmente precisam de sua assistência. Os trabalhadores". Na vida real, Marx apresentou outro desafio, de ajudá-los através da pesquisa junto aos trabalhadores.[456] Foi um processo de conectar as experiências e as lutas dos trabalhadores com um viés revolucionário. Suas ideias junto aos trabalhadores têm de ser atualizadas obviamente, e espero que este livro contribua para isso. A organização no trabalho é a principal forma de mudar o mundo, mais isso não significa que nós devemos fazê-lo enquanto deixamos as ideias dominantes da sociedade sem contestação. Levar os jogos eletrônicos a sério como uma parte dessa luta não é algo que a esquerda possa continuar a ignorar. O comando que o *Assassin's Creed* dá ao jogador continua sendo um importante ponto de partida: "Siga Marx".

---

[456] Karl Marx, "A Workers' Inquiry", *New International* 4, n. 12, 1938, 379.

LEIA TAMBÉM

Realismo Capitalista: É mais fácil imaginar o fim do mundo do que o fim do capitalismo?
Autor: Mark Fisher

Após 1989, o capitalismo se apresentou com sucesso como o único sistema político-econômico aparentemente viável no mundo – uma situação que só começou a ser questionada para fora dos círculos mais duros da esquerda a partir da crise bancária de 2008, quando começa-se a entender a urgência de se desmontar a ideia de que "não existe alternativa". Este livro, escrito pelo filósofo e crítico cultural britânico Mark Fisher, desnuda o desenvolvimento e as principais características do "realismo capitalista", conceito que delineia a estrutura ideológica em que estamos vivendo. Usando exemplos de política, filmes, ficção, trabalho e educação, argumenta que o "realismo capitalista" captura todas as áreas da experiência contemporânea. Mas também mostra que, devido a uma série de inconsistências e falhas internas ao programa de realidade do Capital, o capitalismo é, de fato, tudo — menos realista.

Quatro futuros: a vida após o capitalismo
Autor: Peter Frase

Em uma exploração emocionante e divertida das utopias e distopias que poderiam se desenvolver a partir da sociedade atual, Peter Frase argumenta que o aumento da automação robótica e uma crescente escassez de recursos, graças às mudanças climáticas, transformarão profundamente o mundo como conhecemos. Neste livro, Frase segue os preceitos daquilo que Max Weber chamava de "tipos ideais" para tentar imaginar como esse mundo pós-capitalista pode parecer, empregando as ferramentas da sociologia e da ficção especulativa para explorar o que o comunismo, o rentismo, o socialismo e o exterminismo podem realmente acarretar.

O ponto de partida de toda a análise é a certeza de que o capitalismo vai acabar, e que, como disse Rosa Luxemburgo diante da I Guerra Mundial, ou a sociedade "entra em transição para o socialismo, ou regride para a barbárie". Misturando ficção científica, teoria social e as novas tecnologias que já estão moldando nossas vidas, Quatro Futuros é um balanço dos socialismos que podemos alcançar se uma esquerda ressurgente for bem-sucedida frente à barbaridade que encontraremos se esses movimentos falharem.

Este livro foi composto em Minion Pro e
Eurostile Extd